DER FEINE UNTERSCHIED

D1665136

Bruno Reihl

Der feine Unterschied

Ein Handbuch für Deutsche
in der Schweiz

Midas Management Verlag
St. Gallen / Zürich

Der feine Unterschied
Ein Handbuch für Deutsche in der Schweiz

2. Auflage 2013
© Midas Management Verlag AG

Bibliografische Information der Deutschen Nationalbibliothek

Die Deutsche Nationalbibliothek verzeichnet diese Publikation in der Deutschen Nationalbibliografie; detaillierte bibliografische Daten sind im Internet abrufbar über http://dnb.d-nb.de

ISBN 978-3-907100-46-2

© Midas Management Verlag AG

Reihl, Bruno:
Der feine Unterschied – Ein Handbuch für Deutsche in der Schweiz
St. Gallen/Zürich: Midas Management Verlag, 2013.

Lektorat: Patrick Brauns, Konstanz
Layout: Simone Pedersen, St. Gallen
Cover: Agentur 21, Zürich

Druck- und Bindearbeiten: GGP Media GmbH, Pößneck
Printed in Germany

Verlagsanschrift:
Midas Management Verlag AG, Dunantstrasse 3, CH-8044 Zürich

Inhaltsverzeichnis

Vorwort

Wenn Sie aus dem Mund eines Schweizers den Satz «Ich hätte gerne eine Stange» hören und meinen, diese Person kaufe eine Stange Zigaretten oder bewege sich im Sex-Milieu, dann empfehle ich Ihnen die Lektüre des vorliegenden Handbuchs, um dieses und weitere Missverständnisse zu vermeiden, denen Deutsche als Touristen oder Zugewanderte in der Schweiz begegnen. Mit einer Stange meinen Schweizer ein frisch gezapftes Bier, das in hohen Gläsern mit 0,3 l Inhalt serviert wird.

Den deutschen Touristen in den schweizerischen Ferienorten wird mein zweiter Beispielsatz «Grützi. Ich kriege ein Bier!» nachgesehen, denn oft ist das Bedienpersonal heute selbst aus Deutschland und daran gewöhnt. Wer jedoch in der Schweiz lebt und arbeitet, sollte sich diese Worte abgewöhnen, denn sie klingen in schweizerischen Ohren unhöflich und typisch deutsch. Aber auch der Wunsch «Ich bekomme ein Bier!» wirkt unhöflich, ja herrisch. Richtig in der Schweiz wäre zum Beispiel: «Ich hätte gerne ein Bier, bitte.»

Dieses Beispiel zeigt, dass im gegenseitigen Verständnis von Deutschen und Schweizern leicht Missverständnisse entstehen und Vorurteile zementiert werden können. Schade eigentlich. Denn seit 2008 wanderten täglich im Schnitt 100 Deutsche in die Schweiz ein. Darunter finden sich überdurchschnittlich viele Hochqualifizierte und Akademiker. Die Schweizer Ressentiments haben dadurch aber eher noch zugenommen, weil plötzlich dem Durchschnittsschweizer im täglichen Leben deutsche Ärzte, Zahnärzte, Angestellte bei Banken und Versicherungen usw. mit ihrem Hochdeutsch auffallen. Wenig hilfreich auch die martialische Art des deutschen Finanzministers, welcher der Schweiz wegen ihres Bankgeheimnisses mit der Peitsche drohte und die Schweizer als Indianer bezeichnete, denen die deutsche Kavallerie einen Schreck einjagen soll. Auch andere Exponenten Deutschlands stossen Drohungen aus und gehen mit ihrer Besserwisserei auf die Nerven. In der Schweiz lösen sie damit starke Abwehrreflexe aus, obwohl eine Spur Gelassenheit und mehr Selbstbewusstsein auch auf Schweizer Seite gerade im Hinblick auf die historischen Begebenheiten von Vorteil wären.

Mit diesem Handbuch möchte ich dazu beitragen, dass auch meine deutschen Landsleute die schweizerischen Eigenheiten und die Mentalität der Bewohner dieses schönen Landes wahrnehmen und achten lernen und im Idealfall auch für sich selbst übernehmen. Nur so kann es auf die Dauer zu einem positiven Miteinander der beiden deutschsprechenden Länder kommen, die in manchen Dingen ähnlich, aber in vielen Dingen auch sehr unterschiedlich sind.

Ich beschreibe die Unterschiede aus meiner persönlichen Wahrnehmung und Erfahrung. Auch meine Regeln zum Verstehen und eventuell Erlernen des Schweizerdeutschen sind die eines Laien. Weder möchte ich damit den Schweizern mit ihren vielen Dialekten einen Einheitsbrei servieren noch den professionellen Lehrern ins Handwerk pfuschen.

Ich wünsche Ihnen viel Vergnügen beim Lesen meines Buches «Der feine Unterschied». Dabei hat *fein* zwei Bedeutungen: erstens *klein*, denn Deutschland und die Schweiz unterscheiden sich verglichen mit anderen Ländern nicht sehr stark voneinander; und zweitens *gut* im Sinne vom feinen Essen. Wenn Unterschiede gut sind, sollte das bei den Politikern und Menschen beider Länder Interesse wecken, und beide Seiten könnten aus den Unterschieden etwas lernen.

Bruno Reihl
Frühling 2013

1. Einleitung

Deutsche über die Schweizer

In Deutschland ist das Image der Schweiz und ihrer Bewohner positiv besetzt, trotz oder wegen der sich immer wiederholenden Vorwürfe der deutschen Politiker, dass die Schweiz mit ihrem Bankgeheimnis der Steuerflucht aus Deutschland Vorschub leistet. Deutsche finden den Schweizer Dialekt niedlich, lieben Schweizer Schokolade, fahren gern in die Schweiz zum Skifahren oder im Transit weiter in den Urlaub ans Mittelmeer. Schweizer Uhren und Schweizer Käse runden das positive Klischeebild ab. Manche meinen auch, dass die Kuckucksuhren aus der Schweiz stammen und verwechseln dann Schweiz und Schwarzwald. Eigentlich ist die Schweiz aus deutscher Sicht wie Österreich, nur viel teurer, und irgendwo sprechen sie auch noch Französisch. Diese Unkenntnis über die Schweiz nimmt in Deutschland vom Bodensee Richtung Norden stark zu. Ein Hamburger hält Zürich für die Hauptstadt der Schweiz und Lausanne für den französischen Namen der Stadt Luzern.

Schweizer über Deutsche

Umgekehrt wissen die Schweizer sehr viel über Deutschland und können durchaus zwischen den verschiedenen Landsmannschaften unterscheiden. Praktisch überall in der Schweiz kann man die deutschen Fernsehprogramme empfangen, umgekehrt ist das nicht der Fall. So sind die Bewohner Bayerns und Baden-Württembergs in der Schweiz besser gelitten als Landsleute aus den nördlichen und östlichen Bundesländern, ganz einfach weil sie auch einen Dialekt sprechen, den die Schweizer einigermassen verstehen. Auch fahren viele Schweizer übers Wochenende zum Einkaufen, zu einem Bundesliga-Spiel oder zu den Weihnachtsmärkten nach Stuttgart, Nürnberg oder München.

In die Gegenden nördlich des Mains kommen Schweizer seltener, und dort wollen sie auch gar nicht hinfahren, denn hier wohnen die Schnellschwätzer. Das sind diejenigen Deutschen, die erstens Hochdeutsch sprechen (oder was sie dafür halten) und dies zweitens so schnell, dass sie praktisch kein Schweizer versteht. Hier geht es übrigens den Bayern, Schwaben und Badenern ähnlich wie den Schweizern. Die Abneigung geht aber über das reine Verständnis der Wörter und Sätze hinaus: Jemand der schneller spricht, als er denken kann, kann nicht seriös sein; er gilt als Schwätzer, eben als Schnellschwätzer. Ein einfacher Ratschlag an meine Hochdeutsch sprechenden Landsleute in der Schweiz ist darum: Langsam sprechen und die Wörter einzeln betonen.

2. Hochdeutsch und Schriftdeutsch

Schweizerdeutsch ist etwas ganz anderes
Vor vielen Jahren besuchte ich – damals als Tourist – in Bern, der Hauptstadt der Schweiz, das Parlamentsgebäude, Bundeshaus genannt. Bei einer Führung stellte ich zu meiner Befriedigung fest, dass ich mehr als die Hälfte der Ausführungen des uniformierten Parlamentsdieners verstand. Mein Schluss war damals, dass Schweizerdeutsch gar nicht so anders sei. Auch die Fernseh-Sketche des in Deutschland sehr populären Emil Steinberger hatten wir ja fast immer verstanden. Erst als einige Schweizer Besucher den Parlamentsdiener direkt ansprachen und ich kein Wort mehr verstand, wurde mir klar, dass ich vorher eine Hochdeutsch-Variante – die Schweizer nennen sie Schriftdeutsch oder Schriftsprache – gehört und immerhin auch viel, aber immer noch nicht alles verstanden hatte. Schweizerdeutsch oder im Dialekt «Schwiizertüütsch» ist etwas ganz anderes. Manche Schweizer Dialekte sind fast so weit weg vom Hochdeutschen wie das «Platt» der Holländer.

Hochdeutsch ist auch etwas anderes
Die meisten Landsleute aus Gegenden nördlich des Mains glauben, dass sie perfektes Hochdeutsch sprechen. Dem ist aber gar nicht so. Um bei meinem Beispiel aus dem Vorwort zu bleiben, kann es doch schon mal so klingen: «**Guten Tach. Ich krieche ein Brot. Außadem hat meine Mutta noch ne Toate bestellt, wann issn die featig?**» Also, ein geschriebenes g wird oft ch gesprochen und geschriebene r werden zu langen a. Südlich des Mains und in der Schweiz kommt das nicht gut an. Speziell die Schweizer sind so erzogen, sofort auf ihre Gesprächspartner einzugehen und Schriftdeutsch zu sprechen, umgekehrt erwarten sie das auch von ihrem Gegenüber. Also diesen Tipp merken: Wenn Sie in der Schweiz Deutsch sprechen, sollten

Sie die korrekte Aussprache verwenden und den Slang oder Dialekt der Heimat vermeiden. Glauben Sie mir, Sie werden besser verstanden und wirken freundlich, höflich und sympathischer.

Schriftdeutsch ist nicht Hochdeutsch
Wie der Begriff «Schriftdeutsch» bereits impliziert, wird so in der Schweiz in Zeitungen und Büchern und Dokumenten Deutsch geschrieben, bzw. an offiziellen Anlässen, im Schweizer Fernsehen und teilweise am Radio auch gesprochen. Natürlich können ausgebildete Schweizer Fernsehansager und Schauspieler genauso gut Hochdeutsch sprechen wie analog ausgebildete Deutsche in Deutschland. Aber der normale Schweizer spricht ein schweizerisches Hochdeutsch, für das ich hier das Synonym «Schriftdeutsch» verwende, weil es auch Schweizer so bezeichnen. Schriftdeutsch wird auch in den Schulen gelehrt. Dass es sich vom in Deutschland gesprochenen Hochdeutsch unterscheidet, ist offenkundig und weder gut noch schlecht. Es ist aus deutscher Sicht eine schweizerische Eigenart, die auch in Wikipedia unter dem Stichwort «Schriftdeutsch» beschrieben wird.

Geschriebenes und gesprochenes Schriftdeutsch sind nicht identisch mit Hochdeutsch! Im Duden werden die schriftdeutschen Wörter als Helvetismus gekennzeichnet. Auf Schweizerdeutsch bzw. «Schwiizertüütsch» gehe ich im Kapitel 18 genauer ein. Es folgen Beispiele für Hochdeutsch und Schriftdeutsch, wobei letztere so in der «Neuen Zürcher Zeitung» oder jeder anderen Zeitung in der Schweiz zu lesen sind

Hochdeutsch	Schriftdeutsch	Beispielsatz (Bemerkung)
verunglücken / Verunglückte	verunfallen/ der, die Verunfallte	Auf der Kantonsstrasse verunfallte ein Velofahrer, der zuerst ein anderes Auto....
berühren	touchieren	...touchiert hatte und dann gegen einen....

Strassenlaterne	der Kandelaber	...Kandelaber geprallt war.
das Fahrrad	das Velo	(aus dem Französischen)
der Postbus	das Postauto	Ich gehe mit dem Postauto nach Chur.
der (Reise-) Bus	der Car	Ein Car mit deutschen Touristen blieb mit einem platten Pneu liegen.
der Lastwagen	der Camion	(aus dem Französischen)
die Strassenbahn	das Tram	Zum Zoo fährt Tram Nr. 6.
der, die Reifen	der Pneu, die Pneus	(aus dem Französischen)
die Unterbrechung	der Unterbruch	Wir machen jetzt einen Unterbruch, bitte seien Sie in 10 Minuten zurück.
bewilligen	sprechen	Für den neuen Kindergarten wurde 1 Mio. Franken gesprochen.
erhöhen, vermehren	äufnen	Die Regierung äufnete das Budget für den Ausbau der Nationalstrassen.
verhindern	verunmöglichen	Der Nebel verunmöglicht jede Sicht.
ansprechen, Kontakt aufnehmen	kontaktieren	Können Sie mich bitte morgen kontaktieren?
binnen, innerhalb	innert	Innert Minuten traten die Bäche über die Ufer.
Autobahn	Nationalstrasse	(älteres Wort, heute auch Autobahn)
starten, beginnen	lancieren	Der Stadtrat lanciert eine Kampagne gegen Vandalismus.
beeilen	pressieren	Jetzt pressiert es aber.
Erfolg haben	reüssieren	Nach einer Durststrecke reüssierte die Schweizer Equipe endlich wieder.

das Endspiel, das Finale	der Final	Den Final zwischen Zürich und Basel gewannen einmal mehr die Zürcher.
Gänsehaut	Hühnerhaut	Im Kino habe ich Hühnerhaut bekommen.
der, die Züricher	der, die Zürcher	(ohne i)
der Junge	der Bub, der Knabe	(Knabe hat nicht den ironischen Beigeschmack wie im Hochdeutschen.)
Patentante, -onkel	die Gotte, der Götti	Ich gehe mit meinem Götti in die Ferien.
Oma, Opa	Grosi, Grossvater	Das Grosi passt auf die Kinder auf.
Bürger-, Gehsteig	das Trottoir	(aus dem Französischen)
danke	merci	(aus dem Französischen)
Entschuldigung!	Excusez!	(aus dem Französischen)
Peinlichkeit	Faux-pas	(aus dem Französischen)
telefonieren, anrufen	anläuten, ein Telefon geben	Ich läute dir morgen an./Gib mir doch ein Telefon, bitte.
Bahnsteig	der Perron	Der Zug nach Chur wartet auf Perron 8.
Schaffner	Kondukteur	Der Kondukteur gibt gerne Auskunft.
Friseur/Friseuse	Coiffeur/Coiffeuse	Mein Coiffeur ist nicht so teuer.
Kellnerin	die Serviertochter	Fräulein, bitte zwei Stangen.
Klempner	Sanitär	Der Abfluss ist verstopft, der Sanitär soll kommen.
Autowerkstatt	die Garage/Autospenglerei	Mit der Beule muss ich das Auto in die Garage/zum Autospengler bringen.
festnehmen, verhaften	anhalten	Die Polizei hielt den Verdächtigen an.

Kein ß in der Schweiz

Zum Schriftdeutschen gehört auch, dass das ß in der Schweiz schon seit den 40er-Jahren, insbesondere auch schon lange vor der deutschen Rechtschreibreform, gänzlich abgeschafft und durch ss ersetzt wurde. In der Standardsprache ist es weitgehend unbekannt, und in der Schule kann es als Fehler angestrichen werden. Auch ich verwende in diesem Buch diese schweizerische Schreibweise und kenne nur zwei Wörter, wo das zu Missverständnissen führen kann: *Busse* und *Masse*. Beispiele: «Die Fahrer der beiden Busse erhielten eine Busse für zu schnelles Fahren.» und «Alkohol ist in Massen verträglich.»

Dieselben Wörter, andere Bedeutung

Es gibt auch Wörter im Schweizer Schriftdeutschen, die mit derselben oder ähnlichen Schreibweise auch im Hochdeutschen existieren, die aber eine ganz andere Bedeutung haben und dann so in einer schriftdeutschen Konversation verwendet werden oder in manchem Text stehen können:

Hochdeutsch	Schriftdeutsch	Beispielsatz (Bemerkung)
motzen, schimpfen, sich beschweren	ausrufen	Wegen des schlechten Wetters musst du jetzt nicht ausrufen.
(spazieren-) gehen	laufen	Am Sonntag gehen wir immer etwas laufen.
laufen, sich beeilen	rennen	Wenn du rennst, schaffst du den Zug noch.
rennen	springen	Es ist zu spät, du brauchst dem Zug nicht hinterher zu springen.
schmecken	gut sein	Das Zürich-Geschnetzelte ist gut gewesen.
zufrieden sein	bedient sein	Sind Sie bedient? Ja, danke, alles prima.
wütend	verrückt	Deine direkte Art macht mich verrückt.

erhalten	konservieren, pflegen	Der Denkmalschutz verlangt, dass das Haus so erhalten bleibt.
Urlaub	Ferien	Arbeitnehmer haben 5 Wochen Ferien.
Einkaufen	Posten	Beim Posten bekomme ich immer Hunger.
Freund, Freundin, Bekannte(r)	Kollege, Kollegin	Ich gehe gern mit meiner Kollegin in den Ausgang.
Kollege	Arbeitskollege	Meine Arbeitskollegen sind sehr nett.
Ausgehen	Ausgang	Wir haben uns im Ausgang kennen gelernt.
(Steh-) Kneipe	Bar	(hat keine zwielichtige Bedeutung wie im Hochdeutschen)
Hausschuh(e), Pantoffel(n)	der Finke, die Finken	Ins Spital bitte die Finken mitbringen.
Freude	Aufsteller	Dieser Sieg war ein echter Aufsteller.
sich freuen, erfreuen	aufgestellt sein, aufstellen	Dein Telefon stellt mich jetzt richtig auf.
toll, interessant	lässig	In der Disco war eine lässige Stimmung («Lässig» hat nicht die hochdeutsche Bedeutung von «leger».)
pfiffig	glatt	So ein glatter Bub (neben der Bedeutung wie in Glatteis auch als Synonym für pfiffig)

Die folgenden vier hochdeutschen Verben verraten oft den Deutschen, selbst wenn er sonst schon ganz gut Schweizerdeutsch versteht und zu sprechen versucht:

Hochdeutsch	Schriftdeutsch	Beispielsatz / Bemerkung
grillen	grillieren	Vor dem Grillieren musst du die Cervelats an den Enden einschneiden.
parken	parkieren	Kannst du den Wagen da vorne parkieren?
klingen	tönen	Du tönst heiser, bist du erkältet?
klingeln	läuten	Ich habe an der Türe geläutet. Das Telefon läutet.

3.   Sprachgeografie der Schweiz

Geografie der Schweiz

Die Schweiz ist geprägt von einem grossen Tal zwischen dem Jura-Gebirge und dem Schwarzwald im Norden und den Alpen im Süden. Es wird Mittelland, manchmal auch Espace Mitteland genannt und liegt 400–600 Meter über Meer. Im Nordosten wird es durch den Bodensee und im Südwesten vom Genfersee begrenzt. Südlich des Alpenhauptkamms sind drei grosse Täler mit ihren Nebentälern durch historisch wichtige Alpenpässe mit dem Mittelland verbunden: das zweisprachige Wallis mit Zermatt und dem Matterhorn im Südwesten, das Italienisch sprechende Tessin mit dem Lago Maggiore und Lugano im Süden und das Engadin mit dem Hauptort St. Moritz im Südosten.

Die folgende Skizze zeigt die Schweiz und ihre Sprachregionen:

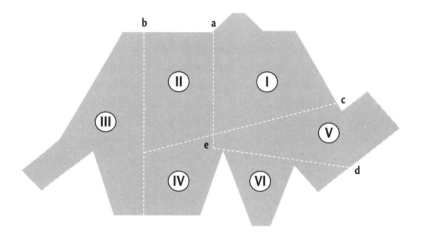

Region I mit Zürich

Das Mittelland lässt sich in drei Regionen aufteilen: In die Region I mit den grossen Städten Zürich, Winterthur, St. Gallen und Schaffhausen sind in den letzten drei Jahren am meisten Deutsche eingewandert. Sie bilden in der Zwischenzeit auch die grösste Ausländergruppe. In dieser Region werden ostschweizerische Dialekte gesprochen, die ich der Einfachheit halber als Zürichdeutsch (Züritüütsch) bezeichne und Zd abkürze, ohne den St. Gallern, Appenzellern und Rheintalern damit ihre schöne und einzigartige Sprache wegnehmen zu wollen. Aber glauben Sie mir, die Zugewanderten aus Deutschland werden diese Unterschiede zu Beginn ihres Aufenthalts gar nicht bemerken.

Region II mit Bern

In der Region II mit Bern, Solothurn, Aarau und Luzern als den grössten und bekanntesten Städten wird ein markant anderes Schweizerdeutsch gesprochen als in der Region I. Ich nenne es der Einfachheit halber Berndeutsch (Bärntüütsch) und kürze es mit Bd ab. Bei den Aargauern, Solothurnern und Luzernern bitte ich um Verständnis dafür. Mir ist sehr wohl bewusst, dass diese schönen Dialekte sich vom Berndeutschen und untereinander erheblich unterscheiden.

Als Grenze (a) in der obigen Skizze zwischen den Regionen I und II definiere ich die Reuss, die am Furkapass im Gotthardgebiet entspringt und ziemlich genau von Süden nach Norden verläuft, durch den Vierwaldstättersee fliesst, um ihn bei Luzern zu verlassen und nahe der deutschen Grenze bei Waldshut zuerst in die Aare und dann in den Rhein zu münden, der dort die Nordgrenze zwischen der Schweiz und Deutschland bildet. Wer von Zürich nach Bern fährt, erkennt die Grenze zwischen den beiden Regionen I und II auch an der Form der Bauernhöfe. Östlich der Reuss tragen die Bauernhäuser Satteldächer, westlich davon Walmdächer, die auf den Seiten sehr weit heruntergezogen sind und korrekt Krüppelwalmdächer heissen.

Meine Ausführungen in diesem Buch beziehen sich fast ausschliesslich auf diese Regionen I und II der Schweiz mit über 5 Millionen Einwohnern, denn hierher zieht es die meisten Deutschen.

Region III mit Genf

Die Region III mit den Städten Genf, Lausanne, Fribourg und Neuchâtel bildet die Französisch sprechende Westschweiz oder das Welschland, wie die Deutschschweizer sagen. Seine Einwohner werden Welsche oder Romands genannt. Die sprachliche Trennlinie (b) bildet der tief eingeschnittene Fluss Saane, der oft als Röstigraben bezeichnet wird, weil angeblich die gute Berner Rösti östlich davon beliebt ist und westlich davon verachtet wird. Das ist natürlich nur ein Vorurteil. In der Politik und besonders bei der Kommentierung von Abstimmungsergebnissen wird immer wieder der Röstigraben als trennendes Element gewürdigt, wenn Abstimmungsergebnisse in der Deutsch- und in der Westschweiz ganz unterschiedlich ausfallen, wie das öfter bei sozialen oder die EU betreffenden Fragen der Fall war.

Region IV mit Zermatt

Zur Deutschschweiz gehören auch die Regionen IV und V, in denen alpine schweizerdeutsche Dialekte gesprochen werden, die für Deutsche nur teilweise bzw. überhaupt nicht verständlich sind. Der Alpenhauptkamm (c) bildet die Grenze zur Zd-Region I und zur Bd-Region II. Die Region IV ist das deutschsprachige Oberwallis mit seinen Seitentälern und den bekannten Skiorten Zermatt und Saas Fee. Wenn der in den Neunzigerjahren erfolgreiche Walliser Skifahrer Pirmin Zurbriggen am Schweizer Fernsehen gesprochen hat, wurden Untertitel eingeblendet, weil das Walliserdeutsch selbst von Schweizern aus den Regionen I und II nur schwer verstanden wird.

Region V mit Chur, Davos und St. Moritz

Getrennt durch den Furka- und Oberalppass (e) wird in der Region V mit Chur, Davos, Klosters, Arosa und St. Moritz Bündnerdeutsch gesprochen, aber in gewissen Regionen auch Rätoromanisch (schweizerdeutsch: Rumantsch) in verschiedenen Dialekten, die vierte Nationalsprache der Schweiz, sowie Italienisch. In einer der kleinsten Gemeinden der Schweiz ist die Mehrsprachigkeit am grössten: In Bivio am Julierpass wurden bei ca. 200 Einwohnern sieben verschiedene Sprachen, Dialekte und Mundarten gezählt.

Region VI mit Lugano

Die Region VI südlich der Trennlinie (d) bilden das Tessin mit Lugano, Locarno und Ascona und drei Bündner Südtälern, in denen ebenfalls Italienisch gesprochen wird. Die Pässe St. Gotthard und San Bernardino mit ihren Strassentunneln bilden die Verbindung zur Deutschschweiz.

Sprachinsel Basel

Auf den Sonderfall Basel gehe ich hier nicht ein. Natürlich gehört Basel zur Deutschschweiz, liegt aber nördlich des Jura-Gebirges, pflegt ebenfalls einen eigenen Dialekt und bildet quasi eine Sprachinsel in meiner simplifizierten Definition der Sprachregionen. Was die Verständlichkeit des Dialekts für deutsche Ohren angeht, kann Basel allerdings der Region II zugeordnet werden.

4. Image, Klischees und Vorurteile

Die neue deutsche Einwanderungswelle

Seit 2008 wanderten jährlich bis zu 30 000 Deutsche in die Schweiz ein, um hier zu arbeiten und zu leben. Das sind für jeden Wochentag im Durchschnitt über 100 Personen. An zweiter Stelle folgten die Portugiesen mit bis zu 10000 Einwanderern. Von 2002 bis 2009 hat sich die Zahl der Deutschen in der Schweiz verdoppelt. Im Grossraum Zürich bilden die Deutschen seit sechs Jahren die grösste Ausländergruppe (23%), vor Personen aus Ex-Jugoslawien und den Portugiesen; schweizweit liegen sie bereits an zweiter Stelle hinter den Italienern. Selbst in den ländlich geprägten Kantonen Schwyz und Zug bilden die Deutschen neu die stärkste Ausländergruppe. Insgesamt lebten 2011 über 270 000 Deutsche in der Schweiz. Ob Akademiker, Krankenschwestern, Kellner/innen, Banker oder Verwaltungsspezialisten, die meisten hatten vorher keine oder eine zu schlecht bezahlte Arbeit in Deutschland, bzw. es blieb ihnen mit ihren Familien netto zu wenig Geld zum Leben übrig. Die meisten kommen aus den nördlichen und östlichen Bundesländern mit vergleichsweise hohen Arbeitslosenzahlen und freuen sich auf die Schweiz und die neue Herausforderung. Sie sind gewöhnlich sehr gut ausgebildet, hochmotiviert, fleissig und sich für keine Arbeit zu schade.

Die Aversion der Schweizer

Die Deutschen mögen und beneiden die Schweizer. Schon meine Mutter hat immer nur von der Schweiz geschwärmt, weil «sie damals vom Krieg verschont wurde». Umgekehrt ist das ganz und gar nicht der Fall, was zwar ein Schweizer im direkten Gespräch nicht zugeben mag, aber jeder Deutsche in der Schweiz bald spürt. Und wenn dann der Zuwanderer aus Brandenburg oder Niedersachsen erstmals als «Sauschwabe» tituliert wird, kommt er ins Grübeln, denn ein Schwabe ist er ja auf keinen Fall. Woher kommt diese Aversion der Schweizer gegen die Deutschen? Sicher ist ein Teil davon der natürliche Reflex eines Kleinstaates mit 8 Millionen Einwohnern gegenüber einem Land mit 82 Millionen Einwohnern. Auch die Nazi-Vergangenheit mit den Katastrophen des Zweiten Weltkrieges und der Judenvernichtung sind in der Schweiz mit ihrer Neutralität, ihrer humanitären Tradition und als Heimatland des Internationalen Roten Kreuzes nicht vergessen.

Ich persönlich glaube aber auch, dass ein Grossteil der Aversion im heutigen Verhalten vieler Deutscher selbst begründet liegt. Dazu mein Tipp: Seien Sie ehrlich interessiert und anpassungswillig. Und lassen Sie oberlehrerhaftes Gebaren inklusive den erhobenen Zeigefinger zu Hause. Und stellen Sie sich immer wieder vor, wie das wohl in Deutschland ankäme, wenn sich Ausländer, die zwar sehr gut Deutsch sprechen, so besserwisserisch verhalten würden.In meiner Wahrnehmung ist es diese Haltung, die ich nur als arrogant und ignorant umschreiben kann, die verhindert, dass sich das Image Deutschlands und ihrer Bewohner verbessert. Deutsche Landsleute in einem Land, das eine andere Sprache spricht wie z.B. Frankreich, England oder Schweden, entwickeln zumeist noch einen gewissen Respekt und die Neugierde, die Dinge dort zu verstehen und nicht sogleich mit der Regelung in Deutschland zu vergleichen und zu bewerten.

Wer sind eigentlich die Ausländer?
Niemand würde auf ein freundliches «Bonjour» mit «Guten Tach» antworten. Aber in der Schweiz, in der ja Deutsch gesprochen und geschrieben wird, wird jede Zurückhaltung abgelegt und verkannt, dass dieses Land mit seiner eigenen Geschichte, Tradition und Mentalität in vieler Beziehung für seine Bewohner erfolgreicher als Deutschland war und ist und es höchstwahrscheinlich auch weiterhin sein wird. Laut deutsche Radiosender zu hören oder beim Sieg der Fussballnationalmannschaft «So ein Tag, so wunderschön wie heute» zu singen, fällt negativ auf.

5. Begrüssung und Höflichkeitsformeln

Grüezi miteinander
Die Schweizer legen viel Wert auf die richtige Begrüssung und die damit zum Ausdruck gebrachte Höflichkeit. In diesem Sinne sind sie mediterran geprägt, also durch ihre französischen und italienischen Nachbarn. Ein erster wichtiger Punkt ist die Unterscheidung, ob ich eine oder mehrere Personen begrüsse. Eine Person wird in der Sprachregion I (siehe Kapitel 3), also auf Züritüütsch, formell mit «Grüezi » begrüsst, zwei oder mehr Personen mit «Grüezi mitenand(er)». Die Aussprache des Wortes «Grüezi» ist wichtig. Die meisten Deutschen machen sich lächerlich, denn sie sagen «Grützi», richtig ist aber «Grü-ëzi». In der Sprachregion II, Bärntüütsch, wandelt sich Grüezi in «Grüessech» und bei mehreren Personen zu «Grüessech mitenang». Die Aussprache ist natürlich auch lang und betont auf der letzten Silbe: «Grü-ës-sech». In den alpinen Sprachregionen IV und V wird noch mit «Tagwohl» und «Tagwohl mitenand» gegrüsst. Ausserhalb von Städten ist es üblich und höflich, jede fremde Person zu grüssen. Dabei grüssen zuerst die jüngeren die älteren Personen, die Männer die Frauen, der hinabwandernde Berggänger den bergauf laufenden, der Einzelgänger die Gruppe.

Ein erster Schritt zur Anpassung an die Schweizer Gebräuche ist der richtige Gruss, er wird auch immer erwidert, und so beginnen Sie selbst sich wohl zu fühlen. Wer hingegen mit «Guten Tach» oder «Grüss Gott» dagegen hält, bewirkt genau das Gegenteil. Werden Sie mit Grüezi begrüsst, lautet der formelle Abschiedsgruss «Uuf Wiederluege» bei einer Person und «Uuf Wiederluege miteinand(er)» bei mehreren Personen. Im Falle von «Tagwohl» wird sich auch mit «Tagwohl» bzw. Tagwohl mitenand» verabschiedet.

Informelles Grüssen

Unter Freunden und Bekannten und unter Jugendlichen gibt es andere Gruss-Rituale. Grüezi, Grüessech und Tagwohl kommen hier nicht vor. Der Klassiker ist «Hoi» bei einer Person und «Hoi zämme» bei mehreren Personen. «Zämme» ist schwiizertüütsch für «zusammen» und ersetzt das «miteinander», welches aber auch verwendet wird: «Hoi mitenand». Dieser informelle Gruss wird bei der Begrüssung am Anfang und manchmal auch bei der Verabschiedung verwendet.

Als ich vor über 30 Jahren in die Schweiz gekommen bin, war das italienische «Ciao» sehr beliebt. Die Italiener bildeten damals die grösste Einwanderergruppe. Die Jugendlichen grüssten sich also mit «Ciao» bzw. «Ciao zämme», was man auch heute noch oft hören kann. Ich behaupte immer mit Augenzwinkern, dass ich 1977 das «Tschüss» in der Schweiz eingeführt habe; bekanntermassen ist es im Hochdeutschen ein Abschiedsgruss. Aber durch die phonetische Ähnlichkeit mit dem italienischen Ciao wurde es in der Schweiz auch so adaptiert, nämlich als Begrüssungs- und Abschiedsgrusswort. Heute ist Tschüss sehr verbreitet, aber es ist durchaus üblich, von einem Schweizer mit «Tschüss miteinander» begrüsst zu werden. Akzeptieren Sie das als Helvetismus und verkneifen sich jede Besserwisserei.

Neben Hoi, Ciao und Tschüss gibt es das französische «Salut» bzw. das daraus abgeleitete «Salli» wiederum auch als Begrüssungs- und Abschiedswort. Vielgehörte Abschiedsgrusswörter sind auch «Adieu» (aus dem Französischen) und «Ade» (wie im Schwäbischen). Auch hier wird immer zwischen einer Person und mehreren Personen unterschieden: «Salli zämme, adieu miteinander, ade mitenand» ist ein Muss bei zwei oder mehr Personen. Wer das nicht sagt, wirkt roh und unhöflich. Das gilt übrigens auch bei «Prost», «Santé», «Zum Wohl» und «En Guete».

Ein interessantes Phänomen ist die gegenseitige Verwendung der informellen Grusswörter. Wer zuerst mit «Salli» grüsst, wird oft mit «Hoi» zurückgegrüsst. Wer jetzt denkt, nächstes Mal grüsse ich zuerst mit «Hoi», bekommt ein «Tschüss» zurück, usw. Ob es hier eine Regel gibt, hat sich mir bis heute nicht erschlossen, vermutlich nicht, aber achten Sie doch einmal selbst darauf. Eindeutig ist hingegen die Begrüssung zwischen Erwachsenen und Kindern oder Jugendlichen. Während letztere mit «Grüezi» grüssen müssen, sollten umgekehrt die Erwachsenen auf keinen Fall mit «Grüezi» antworten, sondern zum Beispiel mit «Hoi» oder «Salli».

Natürlich passt am Morgen auch immer «Guete Morge», am Mittag «En Guete» und am Abend «En guete-n-Abig». In der Arbeitswelt verabschieden sich die Arbeitskollegen mit «En schöne Hinnicht» oder einfach «En Schöne» voneinander. Es ist durchaus auch möglich, bereits ab 18 Uhr mit «Guet Nacht» verabschiedet zu werden.

Du und Sie

In der Regel gelten in der Schweiz dieselben Regeln betreffend Sie und Du wie in Deutschland, wobei die Barriere für eine Wechsel zum vertraulicheren Du in der Schweiz sehr viel niedriger ist. Nicht selten wird am ersten Arbeitstag dem neuen Mitarbeiter schon das Du angeboten mit dem klassischen Satz: «Sölle mir nöd Duzis mache?" Im Züritüütsch werden auch «Sie» und «Inne» verwendet, während es im Bärntüütsch «Dir» und «Euch» bzw. «Üüch» heisst.

Herr und Herrn

Für die schriftliche Anrede in Briefen oder auf Postkarten gelten dieselben Regeln wie bei der gerade beschriebenen mündlichen Begrüssung. Es gibt jedoch eine Abweichung zum Hochdeutschen: Die Anrede «Herrn» gibt es im Schriftdeutschen nicht. Im Adresskopf eines Briefes wie auch im Text heisst es immer nur «Herr» bzw. im Plural «Herren».

Kuss-Ritual

Zum Schluss noch zwei, drei Hinweise: Gute Freunde/Freundinnen (auf Schweizerdeutsch heissen sie Kollegen) begrüssen sich mit drei Küsschen auf die Wangen in folgender Reihenfolge: links, rechts, links. Der Mund bleibt trocken bzw. berührt die Wangen gar nicht. Bei Paaren küssen sich zuerst die beiden Frauen, die Männer umarmen sich, aber küssen sich nicht unbedingt. Dann küssen beide Männer jeweils die andere Frau links, rechts, links.

Private Einladung

Bei einer Einladung zum Abendessen (Schweizerdeutsch: Nachtessen) wird Pünktlichkeit geschätzt, aber auf keinen Fall dürfen Sie zu früh erscheinen. Beginnen die Gastgeber den Kaffee eventuell mit Digestifs (Schnäpsen) zu servieren, ist dies das untrügliche Zeichen, danach aufzubrechen. Jetzt sollten Sie kein weltbewege ndes Thema mehr anschneiden, sondern der Abend klingt mit Smalltalk aus.

Hier sind einige Grusswörter und Begrüssungsbeispiele:

Hochdeutsch	Schwiizertüütsch	Beispielsatz (Bemerkung)
Guten Tag	Zd: Grüezi	Grü-ezi wohl. Wie gohts Inne?
Guten Morgen	Guete Morge	Guete Morge, Herr Meyer.
Guten Abend	Guete-n-Abig	Guete-n-Abig, Frau Föllmi.
Mahlzeit/Guten Appetit	En Guete	(Wer in der Schweiz «Mahlzeit» sagt, ist als Deutscher entlarvt.)
Einen schönen Tag	En schööne	Wünsche en schööne.
das Du anbieten	Duzis machen	Sölle mir nöd Duzis mache miteinand?
Hallo	Hoi, Salli	Hoi zämme, was mache mir hüt?
Tschüss	Ciao, Tschüss	(Wird bei Begrüssung und Abschied gleichermassen verwendet.)

6. Einkaufen, Essen & Trinken

Qualität hat ihren Preis

Diesem Thema könnte ich allein ein ganzes Buch widmen, will hier aber nur die wichtigsten Punkte für Deutsche anschneiden. Essen im Restaurant oder Einkaufen von Esswaren und Zutaten im Geschäft wird von Deutschen allgemein als sehr teuer empfunden bzw. bejammert. Ich behaupte, dass das Gegenteil richtig ist, wenn man die Qualität des angebotenen Essens in einem Durchschnittsrestaurant oder der (insbesondere frischen) Esswaren bei Migros, Coop und anderen Detaillisten berücksichtigt. Wer natürlich Aldi-Preise sucht und mit der Qualität auch zufrieden ist, wird in der Schweiz enttäuscht werden. Die «Geiz ist geil» Mentalität ist hier zum Glück noch nicht so tonangebend wie in Deutschland.

Die Schweiz gehört nicht zur EU, darum ist bei manchen Produkten die Vielfalt und die Auswahl verschiedener Herkunftsländer nicht so gross wie in Deutschland. Auch werden bei bestimmten Produkten die Grenzen für Importe geschlossen, sobald einheimische Ware auf den Markt kommt. Das ist so bei Spargel und Aprikosen, die dann auch markant teurer werden. Wer öfter nach Deutschland fährt, wird bald merken, was sich lohnt von dort mitzunehmen, natürlich unter Einhaltung der Zollbestimmungen. Preislich lohnen sich Margarine, Mehl und Öle. Butter darf faktisch nicht importiert werden. Dunkle und Vollkorn-Brotsorten sind in der Schweiz weniger verbreitet. Viele bringen auch bei jedem Deutschlandbesuch Kartoffeln von dort mit, weil die schweizerischen Kartoffeln weniger Geschmack haben und nach dem Kochen zerfallen sollen.

Einfuhrbeschränkungen gibt es auch für alkoholische Getränke. Auf der anderen Seite bietet die Schweiz selbst eine Vielzahl von hervorragenden Weinen, die aber in Deutschland praktisch unbekannt sind (weil die Schweizer sie lieber selber trinken.) Bekannte Weinanbaugegenden sind die Nordufer des Genfer- und des Neuenburgersees, die Bündner Herrschaft und das Tessin. Auch hier gilt, dass die Qualität ihren Preis hat, aber ich meine, ein Versuch lohnt sich auf alle Fälle. Auch am Zürichsee gibt es hervorragende Tropfen.

Tagesablauf und Znüni

Wie in Deutschland beginnt der Tag in der Schweiz mit dem Frühstück, dem Zmorge, meist bestehend aus Brot oder Gipfel mit Konfitüre und Milchkaffee. Mittags gibt es ein kleines warmes Essen, den Zmittag, und abends die Hauptmahlzeit, das Znacht. Eine schöne schweizerische Tradition ist der Znüni, also das zweite Frühstück am Arbeitsplatz, auf der Baustelle, auf dem Bauernhof, im Kindergarten, einfach überall. Es findet täglich zwischen 9 und 10 Uhr statt.

Wie essen Deutsche ein Croissant? Sie schneiden es längs hälftig durch und bestreichen beide Hälften mit Butter und Marmelade, oft zerbröselt es dabei. Schweizer geben eine Messerspitze Butter und einen Klecks Konfitüre auf den Tellerrand und streichen beides von Bissen zu Bissen an ihr Gipfeli. So einfach geht das.

Als 1987 meine IBM-Kollegen Alex Müller und Georg Bednorz den Nobelpreis erhielten, wurde Alex Müller im Interview des Deutschen Fernsehens gefragt, wo das Geheimnis des Erfolges zu suchen sei. In seiner spitzbübischen Art antwortete er: «Das liegt am Znüni. Denn beim Znüni ist es von jeher Brauch, dass sich die Leute zusammensetzen und sich die Tische füllen, bevor jemand sich an einen neuen Tisch setzt. So kommt es jeden Tag zu neuen Gesprächen zwischen Chefs und Untergebenen, Wissenschaftlern und Mechanikern.» Diese inspirierende Atmosphäre hat ihn und seine Mitstreiter auf die richtigen Ideen gebracht, die schliesslich in der Entdeckung der Hochtemperatur-Supraleiter mündete. Das

Pendant zum Znüni ist das Zvieri am Nachmittag, das aber nicht überall mit der selben Konsequenz zelebriert wird.

Restaurants und Beizen

Das Mittagessen nehmen die Berufsleute in den unzähligen Restaurants und Beizen ein, die in allen Preisklassen sehr gute bis hervorragende Qualität anbieten. Wenn es schnell gehen soll, empfiehlt es sich, das Tagesmenü zu bestellen. Im Sommer zieht es natürlich alle in die Gartenrestaurants oder mit der Lunch-Box in die Parks oder an die Seen. Wer als Gast eingeladen ist, kann das Glas Wein nicht ausschlagen, das oft noch dazugehört, auch wenn die Tendenz zumindest in der Deutschschweiz abnehmend ist. Die Trinkgeld-Regelung ist ähnlich wie in Deutschland: Normalerweise wird aufgerundet, nur bei wirklich sehr guter und kompetenter Bedienung, z.B. bei einem Geschäftsessen, gebietet sich ein Extra-Trinkgeld.

Konsumentenschutz

Die Fernsehsendung «Kassensturz» (dienstags um 21 Uhr im Schweizer Fernsehen) mit der dazugehörigen Wochenzeitschrift «K-Tipp» kümmert sich um den Konsumentenschutz und hilft mittels Qualitätskontrollen und Preisvergleichen, günstige Produkte zu finden oder Missstände aufzudecken. Sie ist ähnlich zur deutschen Stiftung Warentest, aber wesentlich direkter und angriffiger. Zusätzlich gibt es dort viele Tipps und Antworten zum Leben in der Schweiz im Allgemeinen (Bankspesen, Telefonkosten, Rente und Pensionskasse, Steuern sparen usw.).

Es folgt eine Liste von schweizerdeutschen Restaurant- und Ess-Begriffen und ihre hochdeutsche Bedeutung:

Hochdeutsch	Schriftdeutsch / Schwiizertüütsch	Beispielsatz (Bemerkung)
Frühstück	Zmorge	Zum Zmorge gits immer Zopf.
Weissbrot, geflochten	Zopf, Butterzopf	Zopf mit Anke und Konfi isch so guet.
die Butter	der Butter, de Anke	Häsch lieber Butter odr Margarine?
Brötchen	Zd: Semmel, Brötli; Bd: Mütschli	Ich hätte gern 5 Semmeli und 2 Gipfeli.
Hörnchen, Croissant	Gipfel oder Gipfeli	(gesprochen wie Kipfel oder Kipfeli)
Kaffee	Café crème	(ein Genuss in der Schweiz, wird immer in Tassen serviert; Kännchen gibt es nicht)
Milchkaffee	Schale	(halb Milch, halb Kaffee, aufgeschäumt)
Saft	Jus	(aus dem Französischen)
Apfelsine	Orange	Ich hät gern es Glas Orangen-Jus.
Pampelmuse	Grapefruit	Am Morge nimm ich gärn es Glas Grupefruit-Jus.
Strohhalm	Röhrli	Dä Jus chasch mit em Röhrli trinke.
Frühstückspause	der Znüni	(wörtlich: zu Neun; die traditionelle Pause in jeder Firma, Schule usw. meist zwischen 9 und 10 Uhr)
Gefülltes Hörnchen	Nussgipfel/ Mandelgipfel	(Nicht verwechseln mit Wurst-Weggli, die so aussehen, aber anders schmecken.)
die Vesper, die Brotzeit	das Zvieri	(wörtlich: zu Vier; die Vesperpause am Nachmittag um 16 Uhr)
Mittagessen	Zmittag, Lunch («Lönsch»)	(aus dem Englischen)
Guten Appetit	En Guete	(wird wie «Mahlzeit» gebraucht)

Sandwich	das Eingeklemmte / es Ii-klämmts	(Käse oder Salami zwischen zwei Brotscheiben eingeklemmt.)
Abendessen, -brot	Nachtessen, Znacht	Hüt gosch du ohni Znacht is Bett!
Feldsalat	Nüsslisalat	(Schweizer Spezialität mit Ei und Zwiebeln; hat nichts mit Nüssen zu tun.)
Berner Rösti	Röschti	(Eine Spezialität aus geriebenen rohen Kartoffeln; oft zusammen mit Kalbs-Geschnetzeltem serviert)
Wähen	Chäs-Wähe; Früchte-Wähe	(Flacher Kuchen mit zerlaufenem Käse als Hauptmahlzeit zum Abendessen oder mit Obst als Süssspeise)
Fleisch-Fondue	Fondue bourguignon	(klassisch in heissem Öl; in der Schweiz beliebt ist auch Fondue chinoise mit einer heissen Brühe)
Käsefondue	Fondue	(der Winter-Klassiker, immer wieder gut)
Nachtisch	Dessert	Zum Dessert nimm ich es Glacé.
Eiskaffee	Eiskaffee, Iis-kaffi	(In der Schweiz ist Eiskaffee ein Becher mit Mocca-Eis ohne Kaffee.)
Eis	Glacé	Ä Chuggle Vanille-Glacé, bitte.
Eisbecher	Coupe	Ich nehme einen Coupe Dänemark.
Kellnerin	Serviertochter	(Die Serviertochter wird mit «Fräulein» angesprochen oder gerufen).
riechen	schmecken, schmöckä	Im Huus schmöckt's nach Raclette.
schmecken	guet sii; fein sii	S Züri-Geschnätztlete isch fein gsii.
Sind Sie zufrieden?	Sind Sie bedient?	Merci viilmal, es isch guet gsii.
einkaufen	go poschte	Mir sind gsii go poschte.
à discrétion	soviel man mag	Restaurant Plakat: Heute Fondue à discrétion!

Käsekuchen	Chäs-chüechli	(kleine, heisse Kuchen mit Käse – nicht zu verwechseln mit deutschem Käsekuchen mit Quark)
Keks	Guetzli	D Wienachtsguetzli sind so guet.
Bonbon	Zältli	Mami, häsch mir no es Zältli?
abendliches Ausgehen	dä Usgang	Mir händ eus im Usgang känneglernt.
Umtrunk	Apéro	Vor em Znacht gits en Apéro im Foyer.
heisse Schokolade, Nesquik	Kakao, Ovo	(Kinder bevorzugen oft Ovomaltine, ein Malzgetränk ohne Kristallzucker.)
Leitungswasser	Hahneburger	ich hätti gärn es Glas Hahneburger
Mineralwasser	Blööterliwasser	(Blöterli sind Blasen, die blubbern)
Glas Champagner	Cüpli	Es Cüpli für miini Fründin und miich, bitte.
ein Bier, bitte	E Schtange, bitte	Chönnt ich ä Schtange ha, bitte?
ein Radler	es Panasch/ Panaché	(halb Bier, halb Limonade)
ein Schoppen Wein	zwei Dezi Wiisse/ es Zweierli	Odr sölle mir en Halbe nä?
Kaffee mit Schnaps	Kafi Fertig; Kafi Lutz	(Die Anteile Kaffee und Schnaps sind regional sehr verschieden.)
Prost	Proscht	(bei Bier und Schnaps)
Zum Wohl	Santé	(bei Wein; aus dem Französischen)
die Bockwurst	die Cervelat	(Schweizer Spezialität, die es in Deutschland so nicht gibt, aber ähnlich aussieht.)
Hähnchen	Poulet	Pouletschenkeli han ich sehr gern.
Kaninchen	Chüngel	An Oschtere git's bi eus immr Chüngel.
Thunfisch	Thon	Thon han ich nöd gärn.

Roulade, Rindsroulade	Fleischvogel	Uuf der Menükarte häts Fleischvöggel mit Herdöpfel und Salat.
Barsch	Egli	(Egli-Filet, eine Schweizer Fischspezialität)
Kartoffel	Herd- oder Erdöpfel	Zum Thon git's Herdöpfel.
Kartoffelbrei	Herdöpfelschtock	Zum Zmittag git's Herdöpfelschtock.
Pellkartoffeln	Gschwellti	Hüt git's Gschwellti mit Chäs.
Weisskohl	Chabis	(auch im übertragenen Sinne: Quatsch, Unsinn) z.B. Mach kei Chabis!
Walnuss	Baumnuss	Da hinne schtoht en Baumnussbaum.
Zwiebel	Zd: Bölle; Bd: Zibele	Bölle han ich nöd gärn.
Knoblauch	Chnobli	Chnobli han ich au nöd gärn.
Petersilie	Peterli	Peterli isch gsund.
Kirsche	Chriesi	Im Coop hät's scho Chriesi.
Weintrauben	Wiibeeri	D Wiibeeri vom Migros sind guet.
(Einkaufs-) Tüte	Sack	Langet en Sack?
(Flaschen-) Pfand	Depot	Zum Priis chunnt no es Depot.
Migros – die Lebensmittelkette	Migroo	(das «s» am Schluss wird nicht ausgesprochen)

7. Politisches System und Staatsverständnis

Entstehung der Schweiz

Der Schweizer Bundesstaat, die Eidgenossenschaft, besteht in seiner heutigen Form seit 1848. Damals war nach der Niederlage Napoleons Europa neu geordnet worden, und die Schweiz gab sich nach jahrelangen inneren Wirren die aktuelle Bundesverfassung. Ihre Neutralität war schon 1815 auf dem Wiener Kongress international anerkannt worden. Als ihren offiziellen Geburtstag feiert die Schweiz den 1. August 1291, an dem sich der Sage nach die Talschaften Uri, Schwyz und Unterwalden um den Vierwaldstättersee auf der Rütliwiese, die es wirklich gibt, einen Eid zur gegenseitigen Unterstützung geschworen haben sollen. Diese Geschichte wurde von Friedrich Schiller in seinem Werk **Wilhelm Tell** beschrieben und bildet heute den Nationalmythos der Schweiz mit Rütlischwur, Apfelschuss und Hohler Gasse, die es auch wirklich gibt.

Die weitere Entwicklung der Eidgenossenschaft verlief innerhalb des Heiligen Römischen Reiches Deutscher Nation. Erst nach Ende des 30-jährigen Krieges wurde im Westfälischen Frieden von 1648 die Schweiz ein souveräner Staat. Aus ihrer Geschichte hat sich die Schweiz direktdemokratische Regeln bewahrt, die sich heute in Volksabstimmungen und in manchen Kantonen in der jährlich stattfindenden Landsgemeinde manifestiert haben. Dann treffen sich z.B. im Kanton Glarus am ersten Maisonntag die Stimmberechtigten des ganzen Kantons, um mittels Handerheben über Sachgeschäfte abzustimmen und die Richter zu wählen.

Schweizergarde und Reisläufer

Im Mittelalter verdingten sich viele Schweizer aus den Urkantonen Uri, Schwyz und Unterwalden mangels Perspektiven und wegen der Überbevölkerung mit drohenden Hungersnöten als Söldner, sogenannte Reisläufer, die in etwa den deutschen Landsknechten entsprachen. Sie kämpften gegen Bezahlung für verschiedene Herrscherhäuser in ganz Europa. In manchen Schlachten standen sich auf beiden Seiten schweizerische Reisläufer gegenüber und bekämpften sich gegenseitig. Aus dieser Zeit ist die Schweizergarde übriggeblieben, die mit 110 Gardisten Papst und Vatikan bewachen. Obwohl sie mit ihren Hellebarden und mittelalterlichen Uniformen pittoresk aussehen, sind die Gardisten gut ausgebildete Schweizer Militärs, die auch die modernen Waffen- und Kommunikationstechniken beherrschen. Seit über 500 Jahren melden sich junge katholische Rekruten aus den Urkantonen und aus den Kantonen Luzern und Wallis zur Garde. Das Wallis stellte über die Jahrhunderte die meisten Gardisten.

Politische Institutionen

Die Bundesverfassung von 1848 ist stark an die amerikanische Verfassung angelehnt, kennt hingegen keinen Präsidenten, sondern statt dessen eine siebenköpfige Regierung, den Bundesrat. Einer der sieben Bundesräte wird jeweils für ein Jahr zum Bundespräsidenten gewählt und präsidiert den Bundesrat bei dessen Sitzungen, er behält aber sein Fachressort. Alle Bundesräte werden einzeln von der vereinigten Bundesversammlung, dem Nationalrat mit 200 und dem Ständerat mit 46 Mitgliedern, gewählt. Sie haben darum eine höhere demokratische Legitimation als die deutschen Minister, die von der gewählten Kanzlerin bestellt und vom deutschen Bundespräsidenten ernannt werden. Der Nationalrat wird direkt in den Kantonen proportional zur Bevölkerung gewählt. So hat der Kanton Zürich 34 und der Kanton Glarus nur 1 Sitz. Im Ständerat sind analog zum amerikanischen Senat pro Kanton 2 Vertreter, die wie die Nationalräte direkt vom Volk gewählt werden. Wie in den USA müssen Gesetze und Gesetzesänderungen von beiden Häusern des Parlaments beschlossen werden. In Deutschland sitzen in der Ländervertretung, dem deutschen Bundesrat, von den Landesregierungen ernannte Vertreter, die in ihrem Stimmverhalten instruiert werden. Für viele politische Themen ist der deutsche Bundesrat gar nicht zustimmungspflichtig.

Insgesamt besteht die Schweiz aus 26 Kantonen, wovon 6 Halbkantone (2 Basel, 2 Appenzell sowie Nid- und Obwalden) nur je 1 Vertreter in den Ständerat entsenden. Wie in den deutschen Bundesländern haben die Kantone u.a. die Polizei- und Bildungshoheit. Der fünf- oder siebenköpfige Regierungsrat wird vom Kantonsrat, dem Kantonsparlament, kontrolliert und im Gegensatz zum Bundesrat direkt vom Volk gewählt. Einige, aber nicht alle Kantone sind in Bezirke unterteilt, die von einem vom Volk gewählten Bezirksstatthalter geführt werden. Auf der nächsttieferen Ebene sind die Städte mit Stadtregierung und Stadtrat und die Gemeinden mit Gemeinderat und Gemeindeversammlung. Nur die grössten Städte leisten sich einen vollamtlichen Stadtpräsidenten (Bürgermeister), alle anderen Städte und Gemeinden werden in Teilzeit von «Milizpersonen» geführt. Auch die National- und Ständeräte auf Bundesebene gehen alle noch ihrem angestammten Beruf nach. In Deutschland bezahlt jede Gemeinde mit mehr als 5000 Einwohnern einen eigenen Bürgermeister, der aber unter der Fachaufsicht des ebenfalls gut bezahlten Landrats steht. An den Gemeindeversammlungen kann jeder Schweizer Bürger aus der Gemeinde teilnehmen und über den Gemeindehaushalt (das Budget), alle Projekte ab einer gewissen Kostengrenze und die Einbürgerung von Ausländern abstimmen.

Burgergemeinde, Genossame und Korporation

Neben den politischen Gemeinden gibt es als weitere politisch-rechtliche Institutionen die Burgergemeinden, z.B. in Bern oder St. Gallen, und in den ländlichen Gegenden der Ost- und Zentralschweiz die Genossamen oder die Korporationen. Ihnen gehören die Wälder, Ländereien, Jagd- und Fischrechte der alteingesessenen Familien, den jährlich die Erträge in bar oder in Naturalien ausgezahlt werden. Genossamen mit viel Landbesitz vergeben das Land im Baurecht, d.h. in Erbpacht auf z.b. 99 Jahre, und erzielen so stattliche Renditen. Nur wer die Abstammung von bestimmten eingetragenen Familiennamen nachweisen kann, wird als Burger oder Mitglied der Korporation anerkannt und profitiert vom Ertrag. Die Organe dieser Institutionen werden demokratisch bestimmt, aber ihre Mitglieder achten sehr darauf, dass keine neuen Mitglieder aufgenommen werden.

Bürger- und Heimatort

Die Schweizer und Schweizerinnen kennen einen Geburtsort und einen Bürger- oder Heimatort. Beide Orte werden in offiziellen Dokumenten auch bei Bewerbungen, usw. aufgeführt. Der Bürgerort gibt den Herkunftsort der Familie an, und hier bleibt ein Schweizer, eine Schweizerin normalerweise sein Leben lang registriert. Sollte er armengenössig, d.h. zum Sozialfall werden, ist der Bürgerort verpflichtet, die Person zu unterstützen und ihr im Alter einen Platz im Altersheim zur Verfügung zu stellen. Wenn Sie als Deutscher in einem schweizerischen Formular nach dem Bürger- oder Heimatort gefragt werden, müssen Sie korrekterweise «Deutschland», also Ihren Heimatstaat, eintragen.

Volksabstimmung und Referendum

Ein Merkmal schweizerischer Politik sind Volksabstimmungen. Auf allen Ebenen (Bund, Kanton und Gemeinde) gibt es sie in zwei Varianten: Bei der Volksinitiative geht die Initiative vom Volk aus, d.h. die Initianten müssen ein gewissen Quorum an Unterschriften sammeln, damit die Initiative dem Volk zur Abstimmung vorgelegt wird. Beim Referendum wird gegen einen Entscheid der Regierung oder des Parlaments opponiert, was mit einem geringeren Quorum als bei Initiativen möglich ist. So ist es immer wieder vorgekommen, dass die Regierung und das Parlament einen Beschluss fassten und das Volk im Nachhinein in einer Abstimmung dagegen war. Beim zuständigen Bundesrat oder Regierungsrat kommt dann zwar keine Freude auf, aber er muss auf keinen Fall zurücktreten. Hier werden also Sachgeschäft und persönliche Kompetenz und Charakter sehr genau unterschieden.

Deutsche Politiker argumentieren immer wieder, dass so ein System nur in der kleinen Schweiz, nicht aber in Deutschland funktioniere. Viele Themen seien auch so komplex, dass sie das «dumme» Volk gar nicht verstehen und somit auch nicht darüber entscheiden könne. Eine solche Reaktion würde in der Schweiz als die Arroganz der «Classe politique» wahrgenommen, also der Überheblichkeit von Berufspolitikern, die ihre Pfründe schützen. Ich kann dazu nur sagen: Probiert es doch einfach mal aus und vertraut dem Volk. Es entscheidet mit einer erstaunlichen Weisheit. Insgesamt werden die Entscheidungsprozesse in der direkten Demokratie etwas verlangsamt, aber dafür sind die Kompromisse am Schluss stabiler und nachhaltiger, und insbesondere werden so die Ausgaben der öffentlichen Hand kleingehalten, was geringere Steueraufkommen nach sich zieht.

Auch das Argument, dass die vielen Abstimmungen das Volk abstumpfen lassen und deshalb die Wahlbeteiligung sinke, geht daneben. In der Schweiz, einer der ältesten Demokratien der Welt, liegt die durchschnittliche Wahlbeteiligung bei 40 Prozent, was aus deutscher Sicht als wenig erscheint. In der anderen grossen Demokratie, den USA, werden die Präsidenten bei einer Wahlbeteiligung von ca. 50 Prozent gewählt. Nur in Diktaturen wie der ehemaligen Sowjetunion oder der DDR lag die Wahlbeteiligung bei 99 Prozent. Und in schwachen Demokratien wie in Südamerika oder Afrika herrscht sogar Wahlzwang. Eine niedrige Wahlbeteiligung bei sonst stabilen Verhältnissen weist also den demokratischen Reifegrad des Volkes aus.

Konkordanz
Auf Bundesebene wurde die Regierung der sieben Bundesräte seit Mitte des letzten Jahrhunderts von den vier grössten Parteien gebil-

det. Es sind dies die CVP (Christlichdemokratische Volkspartei), die FDP (von Freisinnig-Demokratische Partei), die SP (Sozialdemokratische Partei der Schweiz) und die SVP (Schweizerische Volkspartei). Diese Art der grossen Koalition wird Konkordanzprinzip genannt. Es hat sich über die Jahre bewährt, obwohl in jüngster Zeit auch hier Umbruchversuche stattgefunden haben, weil die SVP zunächst immer stärker wurde, aber kantonale Abspaltungstendenzen zur Gründung der BDP (Bürgerlich-Demokratische Partei) führten, die damit ebenfalls im Bundesrat vertreten ist. Auch die Grüne Partei hat stark zugelegt und beansprucht einen Sitz im Bundesrat.

CH

Der lateinische Namen der Eidgenossenschaft ist Confoederatio Helvetica oder abgekürzt CH, was auch als Nationalitätenkennzeichen an den Autos kleben sollte. Böse Zungen behaupten, dass die Schweizer «Halskrankheit», also die vielen «ch» in ihrer Sprache, hier ihren Ursprung hat.

In der folgenden Tabelle vergleiche ich das deutsche und schweizerische politische System:

Deutschland	Schweiz	Bemerkung
Regierung, Kabinett	Bundesrat	Sieben Bundesräte bilden den Bundesrat.
Bundeskanzler(in)	Bundeskanzler(in)	Wird zwar vom Parlament gewählt, hat aber keine Richtlinienkompetenz, sondern wirkt nur administrativ im Bundesrat.
Bundespräsident	Bundespräsident	Wird vom Parlament für ein Jahr gewählt, präsidiert die Bundesratssitzungen und fungiert als Sprecher des Bundesrats.

Bundestag	Nationalrat	200 Mitglieder mit dem Nationalrats-Präsidenten als formal dem höchsten Schweizer/der höchsten Schweizerin.
Bundesrat	Ständerat	46 Mitglieder (zwei Vertreter pro Kanton), die unabhängig von den Kantonsregierungen politisieren
Bundesland	Kanton	Es gibt 20 Vollkantone und 6 Halbkantone.
Bürgermeister	Stadtpräsident	Vollamtliche Präsidenten gibt es nur in wenigen Städten; dort werden sie liebevoll Stapi genannt.
Stadt-, Gemeinde-Regierung	Stadtrat, Gemeinderat	Die Mitglieder werden direkt vom Volk gewählt.
Kämmerer	Säckelmeister	Der Säckelmeister stellt der Gemeindeversammlung das neue Jahresbudget vor.
Haushalt, Etat	Budget	Das Budget ist ausgeglichen.
Leiter Kommunale Verwaltung	Gemeindeschreiber	Beglaubigungen werden vom Gemeindeschreiber gemacht.
Eingabe	Motion	Die Motion der FDP wurde abgelehnt
Antrag	Vorlage	Das Parlament tritt auf diese Vorlage nicht ein.
freiwillig, wahlfrei	fakultativ	Das Gesetz wird dem fakultativen Referendum unterstellt.

Staatsverständnis

Das Verhältnis der Schweizer zu ihrem Staat und seinen Behörden ist partnerschaftlich. Generell geht die deutsche Mentalität seit der Wiedervereinigung 1989 zunehmend in die Richtung, dass der

Staat alles richten soll. Dies steht im fundamentalen Gegensatz zur Schweiz, in der das Volk mehrheitlich gegen zuviel Staatseinfluss ist und immer wieder an die Eigenverantwortung der Bürger appelliert wird. In diesem Sinne ist die Schweiz in Europa das liberalste Land und in der Beschränkung des Staatseinflusses auf die Bürger den USA sehr ähnlich, wo auch noch der eigenverantwortliche Bürger propagiert wird und Sozialleistungen nur für die Überbrückung von Notfallsituationen vorgesehen sind.

Der deutsche Staat, vertreten durch die Behörden und ihre Beamten, relativiert die individuellen Rechte der Bürger zunehmend, z.b. beim Datenschutz und bei der Einsicht von Bankkonten ohne richterlichen Beschluss. Einfach gesprochen kann ich folgenden Vergleich zwischen den beiden Ländern ziehen: In Deutschland ist alles, was nicht explizit erlaubt wird, verboten. In der Schweiz hingegen ist alles, was nicht explizit verboten ist, erlaubt. Es wird hier höchstens an die Eigenverantwortung und die Einsicht der Bürger appelliert, manchmal Dinge zu unterlassen, obwohl sie gar nicht verboten wären. Eine kleine Geschichte soll das aufzeigen: Mein Bruder besuchte uns mit seiner Familie im Sommer, und wir fuhren an einem heissen Tag an den Walensee, wo es einen wunderbaren Sandstrand gibt. Wie andere Familien auch, haben wir nach dem Schwimmen Holz gesucht und ein kleines Feuer gemacht, um darüber die mitgebrachten Koteletts und Cervelats zu grillieren. Unser Besuch aus Deutschland war begeistert.

Beim Gegenbesuch in Deutschland sind wir auf einer Wanderung in einer offenen Hütte mit Feuerstelle eingekehrt, um dort ähnlich wie in der Schweiz ein Grillfeuer anzuzünden. Nach kürzester Zeit stand der Förster vor uns und drohte mit einer Anzeige, denn wir hätten das offene Feuer und die Benutzung der Hütte vorher bei ihm anmelden müssen.

Wenn man dann erfährt, dass die deutschen Behörden ohne Begründung, ohne jeden Verdacht und ohne richterliche Genehmigung alle Bankkonten einsehen dürfen, und dies in einem Ausmass geschieht, dass die Banken und Sparkassen bereits extra Personal dafür anstellen müssen, so wundere ich mich nicht, dass dem mündigen Bürger mit einer liberalen Gesinnung langsam angst und bange wird.

Auch die Nonchalance, mit der der Diebstahl der Steuerflüchtlings-CDs aus Liechtenstein und der Schweiz durch den Bundesnachrichtendienst und ihr umstrittener Aufkauf durch die deutschen Finanzbehörden – vom Finanzminister als guter Deal bezeichnet – ist genau so bedrückend wie die Hauruck-Gesetzgebung, die es erlauben soll, Aktionäre der angeschlagenen Banken zu enteignen. Von aussen betrachtet zieht Deutschland – wie weiland die DDR – virtuelle Mauern hoch, um ihren Bürgern die Flucht zu verunmöglichen, bewirkt aber das Gegenteil, denn die Deutschen suchen zunehmend ihr Glück ausserhalb Deutschlands, davon allein insgesamt eine Viertel-Million in der Schweiz.

Eigenverantwortliche Bürger
Wie in der Schweiz der Staatseinfluss verhindert oder reduziert wird, soll folgendes Beispiel zeigen. Als vor einigen Jahren der Mutterschutz ähnlich wie in Deutschland massiv ausgedehnt werden sollte, fiel diese Mutterschutz-Initiative in der Volksabstimmung durch. Die nachträglich Analyse zeigte auf, dass es die älteren Mütter selbst waren, die mehrheitlich dagegen gestimmt hatten – mit dem Argument, dass sie selbst ihre Kinder auch ohne einen solchen Staatsschutz bekommen hätten, indem sie ihre aufgesparten Ferien dafür eingesetzt haben. Bundesrat und Parlament haben dann eine abgespeckte Variante vorgeschlagen, die seit 2005 Gesetz ist (siehe Details in Kapitel 9).

Kindergeld

Auch beim Kindergeld – es heisst offiziell Familienzulage – regte sich lange Zeit Widerstand bei den Bürgern. Als Folge gab es Regelungen auf Kantonsebene, die sehr unterschiedlich waren, wobei die welschen Kantone eher grosszügig alimentierten, während die deutschschweizerischen Kantone, speziell die Urkantone, sehr zurückhaltend waren. Erst seit Januar 2009 gibt es eine eidgenössisch einheitliche Regelung, die für die Kinder von Arbeitnehmern bis 16 Jahre eine monatliche Kinderzulage von 200 Franken und für ältere Kinder in der Ausbildung (Lehre, Gymnasium, Studium) eine monatliche Ausbildungszulage von 250 Franken vorsieht.

Elternzeit

Abschliessend noch ein Blick nach Deutschland, wo die Familienministerin die Elternzeit einführte, um die niedrige Geburtenrate zu erhöhen. Auch Väter können sich so eine Auszeit von zwei Monaten finanzieren lassen. In den Firmen hinterlässt der plötzliche Ausfall ihrer Spezialisten oft grosse Lücken, was den Gesetzgeber aber weniger interessiert hat. In der Schweiz gibt es keine Elternzeit. So wird zwar von bestimmten Kreisen kritisiert, dass hier immer noch das traditionelle Familienbild mit den getrennten Rollen von Vater und Mutter propagiert wird. Auf der anderen Seite ist die Schweiz vermutlich das letzte Land Europas, in dem eine normale Familie – sagen wir mit zwei Kindern – von einem Gehalt (meist des Vaters) leben kann und die Mütter/Frauen nicht auch für das Überleben arbeiten, sondern um den Lebensstandard noch steigern zu können. In Deutschland müssen in einer Durchschnittsfamilie beide Elternteile arbeiten, weil die Steuer- und Sozialabgaben so viel wegfressen, um u.a. die Elternzeit und andere staatlichen Sozialleistungen zu finanzieren, statt das Geld gleich bei den Bürgern zu lassen.

Zum Schluss ein kleiner «Zahlenvergleich» zwischen den beiden Ländern:

Begriff	Deutschland	Schweiz
Einwohner	81,7 Millionen	8,0 Millionen
Anteil Ausländer 2012	9 % (knapp jeder zehnte)	23 % (mehr als jeder fünfte)
Fläche	357 104 qkm	41 285 qkm
Bevölkerungsdichte	229/qkm	184/qkm
Höchster Berg	Zugspitze 2962 m	Monte Rosa-Dufourspitze 4634 m
Anzahl Viertausender	0	mindestens 48 (je nach Kriterium aber über 100)
Anzahl Dreitausender	0	über 1000 (je nach Kriterium)
Anteil Hausbesitzer	43 %	37 %
Nationalfeiertag	3. Oktober (Wiedervereinigung)	1. August (Rütlischwur)
Länge der Meeresküste	ca. 2400 km	0

8. Verkehrsregeln und -verhalten

Führerschein und Auto ummelden
Wer in die Schweiz kommt, hat zumeist einen deutschen Führerschein und ein deutsches Auto. Beides kann er bis zu einem Jahr behalten, dann muss der Führerschein umgeschrieben bzw. das Auto umgemeldet werden. Das geschieht auf eigene Initiative beim Strassenverkehrsamt des jeweiligen Wohnsitzkantons. Für die Umschreibung des Führerscheins verlangen manche Kantone nur einen Sehtest, andere machen eine Probefahrt in einem Fahrzeug der «höchsten» Kategorie. Der deutsche Führerschein wird eingezogen und den deutschen Behörden zurückgeschickt.

Für das Ummelden des Autos ist es von Vorteil, wenn es die schweizerische Typenprüfung erfüllt. Das ist in der Regel bei Autos aus dem EU-Raum der Fall, erfordert aber teure Nachrüstungen bei Autos aus den USA oder bei anderen Spezialgefährten. Wer glaubhaft darlegen kann, dass er die Schweiz innerhalb einiger Jahre wieder verlässt und dann das Auto wieder exportiert, kann auch eine Zollnummer beantragen. Das ist ein kantonales Nummernschild mit einem roten Streifen, welches nach jeweils einem Jahr Gültigkeit verlängert werden muss. Alle «normalen» Autos werden umgeschrieben, d.h. sie bekommen einen kantonalen Fahrzeugausweis und ein kantonales Nummernschild, sobald der Versicherungsnachweis einer Versicherungsgesellschaft mit Sitz in der Schweiz erbracht ist. Hier lohnt es sich, rechtzeitig für Vollkasko, Teilkasko und Haftpflicht Angebote einzuholen, denn so lässt sich viel Geld sparen. Der Fahrzeugausweis ist während der Fahrt immer mitzuführen. Es gibt nicht wie in Deutschland einen Kfz-Brief und einen Kfz-Schein, was den Besitzer und den Fahrer unterscheidet. Der Verlust des Scheins stellt somit in der Schweiz ein grösseres

Risiko dar. Hingegen gehört das Nummernschild dem Besitzer und nicht zum Auto wie in Deutschland. Beim Fahrzeugwechsel wird also das Nummernschild vom alten Auto ab- und an das neue Auto angeschraubt.

Fahrzeugkontrolle

Einen zweijährigen TÜV-Zwang wie in Deutschland gibt es in der Schweiz nicht. Der Fahrer ist verpflichtet, die mittels einer Plakette ausgewiesenen Abgastestintervalle einzuhalten, die meist zwei Jahre dauern und von jeder Werkstatt (Schweizerdeutsch: Garage) geprüft und verlängert werden können. Wird die Kontrollfrist um mehr als einen Monat überschritten und das Auto von der Polizei kontrolliert, ist eine Busse von 200 Franken fällig. Wenn das Auto fünf oder mehr Jahre alt wird, schickt das Strassenverkehrsamt eine Aufforderung zur Motorfahrzeugkontrolle (MFK). Der genaue Termin lässt sich innerhalb eines vorgegebenen Intervalls telefonisch vereinbaren. Bei festgestellten Mängeln ist eine Reparatur erforderlich, die oft nur durch die vorgelegte Unterschrift der Werkstatt nachgewiesen werden muss und keine weiteren Kosten verursacht. Nur bei schwerwiegenden Mängeln wird eine zweite Vorführung mit entsprechenden Kostenfolgen beim Strassenverkehrsamt verlangt.

Geschwindigkeitsbegrenzungen und Bussen

Die Fahrgeschwindigkeiten sind in der Schweiz begrenzt. Es gelten auf Autobahnen 120 km/h, auf Landstrassen 80 km/h und innerorts 50 km/h. Effektiv wird auf Autobahnen zwischen 130 und 140 km/h gefahren und offensichtlich eine Geldbusse im einfachen Ordnungsverfahren in Kauf genommen. Die Geschwindigkeitsbegrenzung auf Kantonsstrassen oder innerorts wird hingegen strikt eingehalten, da die Strafen drakonisch sind (Geldbusse und Führerscheinentzug). Es gibt kein Punktesystem; bereits ein einziger Verstoss kann den Entzug bedeuten! Die Geschwindigkeitsbegrenzung innerorts gilt nicht wie in Deutschland mit dem Passieren des Ortsschildes, sondern nur wenn «50 generell» angezeigt wird. Fehlt dieses Schild, gilt normalerweise eine Begrenzung von 80 km/h oder eine andere vorher angezeigte Geschwindigkeit.

Autobahnfahrt

Autobahnausfahrten sind im Unterschied zu Deutschland in der Schweiz oft ungewohnt eng oder verengen sich massiv. Wenn sie dann noch mit 40 km/h begrenzt werden, empfiehlt es sich, diese Geschwindigkeit unbedingt einzuhalten, denn jeder Geschwindigkeitskilometer zu viel bedeutet hier Schleudergefahr. Wie in den meisten Ländern sind die Autobahnschilder in der Schweiz grün (in Deutschland: blau), und die Hinweisschilder auf Kantonsstrassen oder in Orten weiss (in Deutschland: gelb). Ortsschilder sind ebenfalls weiss (Deutschland: gelb). Die Fahrweise ist eher defensiv, d.h. obwohl ich Vortritt habe, kann ich diesen im dichten Stadtverkehr nicht erzwingen. Mühsam ist der zunehmende Hang der Autofahrer, auf Autobahnen nur noch die linke Spur zu benutzen, obwohl rechts alles frei ist. Dieser Trend ist in Deutschland viel weniger ausgeprägt, weil da keine generelle Geschwindigkeitslimite auf Autobahnen besteht.

Vignettenpflicht

Auf Autobahnen gilt eine Vignettenpflicht. Schweizer Autobahnvignetten sind selbstklebend und können an der Grenze, allen Tankstellen, Postämtern und vielen Kiosken für 40 Franken erworben werden. Sie müssen an die Windschutzscheibe geklebt werden. Vignetten mit Tesafilm anzukleben oder nur auf das Armaturenbrett zu legen, führt zu einer Busse. Sie gelten jeweils für das ganze Kalenderjahr plus den Januar des darauf folgenden Jahres. Im Gegensatz zu Österreich, das auch eine Vignettenpflicht kennt, fallen in der Schweiz keine weiteren Mautgebühren für Pass- oder Tunnelfahrten an. Die schweizerische Vignette ist also «all inclusive». Im Parlament wird diskutiert, den Preis für die Vignette auf 70 oder sogar 100 Franken anzuheben.

Pass- und Bergstrassen

Auf schmalen Pass- und Bergstrassen gilt das ungeschriebene Gesetz, dass bei einer Begegnung das talabwärts fahrende Fahrzeug anhält oder ausweicht. Die Ausnahme ist der Postbus (in der Schweiz: das Postauto), das vor den Kurven ein charakteristisches Hupsignal hornt und erwartet, dass ihm auf jeden Fall ausgewichen wird.

Winterreifen

In vielen Gegenden Deutschlands wird auf Winterreifen verzichtet. In der Schweiz wäre das ein grosser Fehler und könnte bei einem Unfall die Versicherungsleistung schmälern. Auch im Mittelland empfehle ich ab spätestens Ende Oktober auf Winterpneus zu wechseln und Ende März wieder auf Sommerpneus. Zusätzlich empfehle ich im Winter Schneeketten mitzuführen, speziell bei Fahrten in die Berge.

Fahrräder mit Nummernschild

Bis 2011 war es Pflicht, dass in der Schweiz alle Fahrräder (Velos) eine Art Nummernschild hatten, es wurde «Velo-Vignette» genannt, kostete um die 5 Franken und galt bis zum 31. Mai des Folgejahres. Mit der Vignette war eine obligatorische Haftpflichtversicherung für Schadensfälle bis zu 2 Millionen Franken verbunden. Seit 2012 ist die Velo-Vignette abgeschafft, und die persönliche Haftpflichtversicherung jedes einzelnen kommt für mögliche Schäden auf. In den Schulen finden regelmässig Velofahr- und Verkehrskunde-Kurse statt, bei denen auch der technische Zustand des Velos und das Vorhandensein einer Haftpflichtversicherung (der Eltern) kontrolliert werden.

Zebrastreifen / Fussgängerüberweg

Gefährliche Orte in der Schweiz sind Zebrastreifen. Prozentual passieren innerhalb Europas hier die meisten Fussgängerunfälle. Bis vor wenigen Jahren hatten Fussgänger in der Schweiz überhaupt keinen Vortritt auf Zebrastreifen, sondern es stand auf der

Strasse geschrieben «Warte, luege». Dann wurde praktisch die gleiche Regelung wie in Deutschland eingeführt und das «Warte, luege» überall entfernt. Leider rennen jetzt Fussgänger über die Strasse, ohne auf den Autoverkehr zu achten, insbesondere auch ob der Gegenverkehr überhaupt anhält, was dann zu den Unfällen führt. Sympathisch ist, dass sich viele Fussgänger während des Überquerens der Strasse bei den Autofahren bedanken, was auch noch aus der alten Zeit stammt. Zusammenfassend sollten deutsche Autofahrer mit Zebrastreifen in der Schweiz kein Problem haben, aber deutsche Fussgänger sollten sich doppelt vergewissern, ob die Autos auf beiden Seiten anhalten.

Führerschein erwerben
Wer in der Schweiz als junger Mensch einen Fahrausweis erwerben will, kann bereits einen Monat vor dem 18. Geburtstag die Theorieprüfung ablegen. Ab dem 18. Geburtstag erhält er/sie dann einen provisorischen Lernfahrausweis, mit dem er/sie in Begleitung einer Person, die mindestens 23 Jahre alt ist und selbst den Fahrausweis seit mindestens drei Jahren besitzt, umherfahren darf. Parallel sind Fahrstunden in einer offiziellen Fahrschule zwingend nötig. Der Fahrlehrer meldet den Fahrschüler auch zur Prüfung an. Der Fahrausweis gilt anschliessend provisorisch für drei Jahre. Es dürfen in dieser Zeit keine Verkehrsdelikte begangen werden, und zwei Wiederholungskurse sind ebenfalls obligatorisch zu absolvieren.

Autofahrer-Image
Ein ähnliches Phänomen wie in Deutschland, wo gewisse Nummernschilder mit einem schlechten Image behaftet sind (so z.B. OAL, wo die höchsten Haftpflichtprämien gelten), gibt es auch in der Schweiz. Der Kanton Aargau mit dem Kennzeichen AG wird im Volksmund mit «Achtung Gefahr» bedacht. Viele Zürcher, die ins Aargau umziehen, versuchen möglichst lange noch mit einem ZH-Schild umherzufahren, um nicht als Aargauer angesehen zu werden. Böse Zungen behaupten sogar, dass alle Kantonszeichen

mit einem A oder einem G nicht Auto fahren können, womit die gesamte Ostschweiz betroffen wäre.

Diesel tanken

Zum Schluss noch eine Bemerkung zu Dieselfahrzeugen. Diesel wird in Deutschland steuerlich begünstigt und ist billiger als normales Benzin. In der Schweiz ist das nicht der Fall, und somit kostet Diesel leicht mehr als normales Benzin. Im absoluten Vergleich ist er je nach Wechselkursverhältnis CHF/EUR leicht teurer als in Deutschland. Aber was die meisten Autofahrer nicht wissen: Durch die Beimischung von Biodiesel in Deutschland ist der Verbrauch bei deutschem Diesel 10 bis 15 Prozent schlechter als beim reinen Diesel, der in der Schweiz getankt wird. Es lohnt sich also von den Kosten her und der Umwelt zuliebe, immer kurz vor der Grenze den Dieseltank mit schweizerischem Diesel zu befüllen.

Ein Vergleich von Verkehrsbegriffen:

Deutschland	Schweiz	Beispielsatz (Bemerkung)
Ampel	Rotlicht	(hat keinen Bezug zum Rotlichtbezirk)
Vorfahrt	Vortritt	Das Tram hat immer Vortritt.
Rechts-vor-links	Rechtsvortritt	An der Kreuzung gilt Rechtsvortritt.
(Bahn-)Schranke	Barriere	Die Barriere ist geschlossen.
Führerschein	Fahrausweis	(umgangssprachlich auch Billett oder Lappen)
Prüfer, Sachverständige	Experte	Der Experte nimmt die Fahrprüfung ab.
Versicherungsvertrag	Police	Das ist die Police für die Kaskoversicherung.
Anlieger	Anstösser	Verkehrsschild: Anstösser frei
Gebraucht(-wagen)	Occasion	Das Auto han ich occasion poschtet.

Kfz-Brief und Kfz-Schein	Fahrzeugausweis	(Es gibt nur einen einzigen Fahrzeugausweis.)
LKW	Camion	Im Gotthardtunnel isch en Camion liggeplibe.
Fahrrad	Velo	Ich chumme mit em Velo.
Postbus	Postauto	Ich gehe mit dem Postauto nach Chur.
Nummernschild	Kontrollschild	Die Kontrollschilder sind zu deponieren.
(Reise-) Bus	Car	Ein Car mit deutschen Touristen blieb mit einem platten Pneu liegen.
Motorrad	Töff	Es git kei Töffrenne i dä Schwiiz.
Mofa	Töffli	Ich gang mit em Töffli in d Schuel.
(Park-)Münze	Jeton	Wo gits die chaibe Jetons?
der, die Reifen	der Pneu, die Pneus	(aus dem Französischen)
Autowerkstatt	Garage	Ich muss das Auto in die Garage bringen.
Keine Begrenzung	120 km/h	Autobahnen/Nationalstrassen
100 km/h	80 km/h	Kantonsstrassen
50 km/h	50 km/h	(innerorts bei Signalisation « 50 generell»)

9. Kinder, Kindergarten und Schule

Geburt und Mutterschutz

In Deutschland beginnt der reine Mutterschutz sechs Wochen vor der geplanten Geburt und endet acht Wochen danach. In der Schweiz sind es acht Wochen nach der Geburt, vorher nehmen die meisten Mütter Urlaub. Der Kündigungsschutz und eine Teillohnfortzahlung gelten 16 Wochen nach der Geburt weiter, eine Elternzeit wie in Deutschland mit 12 Monaten Kündigungsschutz für die Mutter und zusätzlichen zwei Monaten für den Vater und einem monatlichen Elterngeld von maximal 1800 Euro gibt es nicht. Das Kindergeld wurde erst Anfang 2009 schweizweit einheitlich geregelt und beträgt monatlich 200 Franken pro Kind unter 16 Jahren und 250 Franken für ältere Kinder, solange sie in der Ausbildung (Lehre, Schule, Studium) sind.

Kindergarten

Deutschland rühmt sich seiner sozialen Errungenschaften, aber es gibt immer noch nicht für alle Kinder Kindergartenplätze. Schon bei der Geburt melden Eltern ihre Kinder an – in der Hoffnung, fünf Jahre später einen Kindergartenplatz zu ergattern, für den dann auch noch je nach Stadt bis zu 3000 Euro pro Jahr zu bezahlen sind. In der Schweiz gehört der Kindergarten ab dem Alter von 5 Jahren (z.B. Kanton Zürich) zur Schulpflicht. Einige Kantone kennen die Kindergartenpflicht erst ab dem sechsten Lebensjahr. Demzufolge gibt es genügend Kindergartenplätze, welche die Eltern nichts kosten und praktisch immer in der unmittelbaren Nachbarschaft des Wohnorts liegen.

Primarschule

Nach der Kindergartenzeit treten die Kinder in der Regel mit sieben Jahren in die Primarschule ein, die sechs Jahre dauert. Die Klassengrösse ist für an deutsche Verhältnisse Gewöhnte erfrischend klein und liegt bei 20, maximal 25 Schülern. Der hohe Ausländeranteil in der Schweiz (im Landesdurchschnitt 22 Prozent) schlägt sich auch in der Zusammensetzung der Klassen nieder. Es wird sehr viel Wert auf Integration gelegt, was natürlich auch für die Ausländer aus Deutschland gilt. Die Infrastruktur der Schulen ist unvergleichlich besser als in Deutschland.

Schulnoten

Aus deutscher Sicht ist die Benotung in der Schweiz verkehrt herum: Der Sechser (6,0) ist die beste Note, der Einer (1,0) die schlechteste, die aber praktisch nicht vorkommt. Als genügend (in Deutschland: ausreichend) gilt der Vierer (4,0). Es wird sehr viel mit Zwischennoten bewertet, wobei z.b. 4,75 als «bis Fünf» (in Deutschland: Fünf minus) und 5,25 wie in Deutschland als «Fünf plus» bezeichnet werden. Eine Note 3,75 oder schlechter gilt als «nicht genügend», und der Schüler, die Schülerin ist durchgefallen.

Oberstufe: Sekundarschule und Realschule

Im letzten Schuljahr der Primarschule wird erstmals selektiert. Der Klassenlehrer entscheidet aufgrund der Noten und der persönlichen Entwicklung des Schülers oder der Schülerin, ob das Kind beim Übertritt in die Oberstufe in die dreijährige Sekundarschule (vergleichbar, aber nicht identisch mit der deutschen Realschule) oder in die dreijährige Realschule (vergleichbar mit der deutschen Hauptschule) kommt. Nach zwei Jahren Kindergarten, sechs Jahren Primarschule und drei Jahren Sekundarschule bzw. Realschule ist die elfjährige Schulpflicht erfüllt. Die meisten Schweizer Kinder (ca. 80 Prozent eines Jahrgangs) beginnen eine Berufslehre, machen ein Auslandsjahr oder absolvieren freiwillig noch ein zehntes Schuljahr. Danach bilden sie sich im Beruf weiter oder machen die sogenannte Berufsmatura (entspricht dem deutschen Fachabitur), die auch parallel zur Lehrzeit absolviert werden kann. Mit der Berufsmatura erlangt das Kind die Berechtigung zum Studium an einer Fachhochschule.

Gymnasium, Untergymnasium, Matura und Numerus Clausus

Nach dem zweiten oder dem dritten Sekundarschuljahr können Kinder ins öffentliche Gymnasium wechseln, das in der Schweiz Kantonsschule oder Mittelschule heisst. Dazu wird eine Durchschnittsnote der letzten drei Zeugnisse nach einem bestimmten Schlüssel gebildet. Ist die Durchschnittsnote besser als 4,5, kann der Schüler, die Schülerin eine Aufnahmeprüfung für die Kantonsschule ablegen. Deren Bestehen und ein positives Gutachten des Sekundarschul-Klassenlehrers bewirken den erfolgreichen Übertritt ins Gymnasium, das nach vier Jahren mit der Matura (in Deutschland: Abitur) abschliesst und die Allgemeine Hochschulreife mit Zugangsberechtigung zu allen schweizerischen Universitäten, zur Eidgenössisch-Technischen Hochschule (ETH) Zürich und zur ETH Lausanne bedeutet. In der Schweiz existiert nur für die Human- und Veterinärmedizin-Studiengänge ein Numerus Clausus, der aber nicht von der Durchschnittsnote der Maturaprüfung abhängt, sondern in einer separaten Eignungsprüfung aller Studierwilligen ermittelt wird.

In einigen Kantonen, z.B. Zürich, gibt es das zweijährige Untergymnasium quasi als Ersatz für die Sekundarschule, in das die Schüler direkt nach der Primarschule wechseln können. In anderen Kantonen, z.B. Schwyz, wurde es kantonal abgeschafft, aber die Stiftsschule Einsiedeln bietet es nach wie vor an. Aktuell erwerben nur etwa 20 Prozent eines Jahrgangs in der Schweiz die Matura (Deutschland: ca. 60 Prozent), was somit eine gewisse Elitebildung bedeutet und vom Staat so gewollt ist. Umgekehrt wird der hohe Anteil von Jugendlichen mit einer praktischen Berufsausbildung als Grund für die relativ niedrige Jugendarbeitslosigkeit in der Schweiz (Juni 2012: 3,5 Prozent) angesehen.

Schulgeld und Legi

Während die Volksschule (Primar- und Sekundar- respektive Realschule) kein Schulgeld verlangt, kann in vielen Kantonsschulen pro Jahr ein Schulgeld von 1000 Franken und mehr anfallen, hinzu kommen noch einmal 1000 bis 1500 Franken für Bücher, Taschenrechner, Exkursionen usw. Die Schüler und später die Studierenden erhalten einen Ausweis, Legitimationskarte – kurz Legi – genannt, mit der viele Vergünstigungen (Kino- und Fahrkarten usw.) verbunden sind.

Provisorische Versetzung

Statt eines blauen Briefes werden in der Schweiz gefährdete Schüler provisorisch in die nächste Klasse versetzt, auch wenn ihr Notendurchschnitt nicht ausreichend ist. Es heisst dann, der Schüler XY «ist provisorisch». Er soll damit die Chance bekommen, das Versäumte aufzuholen und dabei doch noch in seinem Klassenverbund bleiben zu können. Ist jedoch das nächste Halbjahreszeugnis wieder nicht genügend, wird der Schüler eine Klasse zurückversetzt. Bei einem weiteren schlechten Zeugnis muss der Schüler die öffentliche Schule verlassen und kann seinen Abschluss bestenfalls auf einer Privatschule erwerben. Für den Notendurchschnitt wird Sport nicht mitgezählt, künstlerische Gestalten, Philosophie und Musik nach einem bestimmten Schlüssel und je nach Schultypus hingegen schon.

Sprachen

In allen Schultypen ist die Unterrichtssprache Schriftdeutsch. Bereits in der Primarschule wird mit dem Unterrichten in Englisch und einer zweiten Landessprache, in der Regel Französisch, begonnen. Wenn Sie Ihre Hochdeutsch sprechenden Kinder in der Schweiz einschulen, könnten Sie folgende Phänomene erleben: Ihre Kinder lernen ganz schnell das lokale Schwiizertüütsch. Sie selbst merken fast nichts davon, da sie mit Ihnen weiterhin Hochdeutsch sprechen, wobei in der Regel das älteste Kind hier sauber zwischen Hochdeutsch und Schwiizertüütsch zu trennen vermag. Ihr zweites und weitere Kinder hingegen vermögen zu Beginn nicht mehr sauber zu trennen und machen zum Teil lustige Fehler in der Hochsprache. Seien Sie hier tolerant, korrigieren Sie ohne grosses Aufsehen den Fehler und reden normal weiter. Kontraproduktiv ist jeder Druck, z.b. den Dialekt nicht zu lernen, oder die Sanktionierung von Fehlern. Es kann sogar vorkommen, dass Ihre Kinder beim Lesen und Sprechen in der Schule ins schweizerische Schriftdeutsch verfallen, weil sie so in der Schule lesen lernen. In dem Fall beherrschen Ihre Kinder dann drei Varianten Deutsch: Hochdeutsch, Schriftdeutsch und das lokale Schwiizertüütsch. Ich selber kenne keinen Fall, bei dem sich das für ein Kind schädlich ausgewirkt hätte, eher im Gegenteil: Die Kinder sind sozial integriert und fallen nicht auf. Gleichzeitig beherrschen sie die Hochsprache mit einer gewissen Perfektion.

Schul- und Freizeit

In der ganzen Schweiz ist vormittags und nachmittags Schulunterricht. Die Ausnahme bildet der Mittwochnachmittag, da haben alle Schüler frei. In den ersten Klassen der Primarschule sind zwei Nachmittage frei, einer davon ist immer der Mittwochnachmittag. Demzufolge können mittwochnachmittags die Hallenbäder, die Skipisten, die Arzt- und Zahnarztpraxen usw. voller Kinder und Jugendlicher sein. Wer für solche Aktivitäten auch an anderen Wochentagen Zeit hat, sollte also den Mittwochnachmittag vermeiden. Über Mittag kommen die Kinder meist heim und werden von den Eltern mit Mittagessen versorgt. Zunehmend gibt es auch von den Gemeinden oder von Elternvereinigungen organisierte Mittagstische in den Schulen.

Hygiene und Zahnpflege

Kinder haben sowohl im Kindergarten wie teilweise auch in der Primarschule und in der Oberstufe (Sekundar- oder Realschule) Hausschuhe vor ihrem Klassenzimmer stehen, in die sie für die Zeit Unterrichts schlüpfen müssen. Ausserdem werden die Kinder in der Primarschule angehalten, täglich ihre Zähne zu putzen. Zweimal pro Jahr besucht die Zahnputzfrau zur Zahnkontrolle und für Erklärungen zur Mundhygiene die Schule.

Kochen und Tanzen

Zur Schweizer Schulausbildung gehört für Mädchen und Jungen ein Jahr Kochunterricht. Dieser beginnt mit dem gemeinsamen Einkaufen und dem Einhalten des vorgegebenen Einkaufbudgets. Dann wird gewöhnlich gemeinsam unter Anleitung ein Menü mit Vorspeise, Hauptgang und Dessert gekocht und anschliessend verzehrt. Am Schluss wird abgewaschen und die Küche aufgeräumt. Eine Tanzausbildung und die Etikette hingegen sind Privatsache jedes einzelnen. Die Schule propagiert das nicht, so wie das in Deutschland zumindest am Gymnasium üblich ist.

Es folgen einige Dialektausdrücke, die im Zusammenhang mit Babys, Kindern, Kindergarten und Schule immer wieder auftauchen:

Hochdeutsch	Schwiizertüütsch	Beispielsatz/Bemerkung
Kindergarten	Chindsgi	Miini Chind sind im Chindsgi.
schreien, kreischen	geussä (geussen)	Warum muesch immer so geussä?
treten	gingge	Dä Bueb hät mir ans Bei gingget.
fallen	kejä, kejie	Es Buech isch abbe kejit.
schmollen, bocken	täubele	Mini Tochter hät dä ganz Morge täubelet.
Schaukel	Riitiseili	(wörtlich: Reitseil, ein Seil zum Reiten)
Wippe	Gigampfi	Gigampfe-n isch dä Plausch für alli Chind.
Tretroller	Trottinett	(aus dem Französischen)
Tischfussball	Töggeli-chaschte	Buebe wänd immer numme mit em Töggelichaschte schpille.

Vergnügen, Freude	Plausch	Ich ha dä Plausch ghaa.
Schmetterling	Summervogel	Ich ha scho dä erscht Summervogel gseh.
Pfütze	Gunte	Muesch nöd ewigs id Gunte schtoh.
Schnuller	Nuggi (Nukki)	(Redewendung: da hauts mir doch dä Nuggi usse = jetzt platzt mir der Kragen)
Nuckelflasche	Schoppen	Ich muess miis Chind schöppele.
Popo	Fudi, Füdli	Sie isch uuf ihres Fudi kejit.
Kind, Kinder	Goof, Goofen	Als Goof bin ich fräch gsii.
Junge	Bueb	D Buebe schpillet no.
Mädchen	Zd: Meitli; Bd: Meitschi	Liebi Buebe und Meitli, ...
Freund/in	Gspändli	(wird nur im Kindergarten und in der Primarschule verwendet)
Vagina	Schlitzli	Die Meitli händ es Schlitzli.
Penis	Schnäbeli, Schnäbbi	Die Buebe händ es Schnäbbi.
Klassenfahrt	Schuelreis	Au der Bundesrat macht jedes Jahr ä Schuelreis.
Kulturbeutel	Necessaire	Wo isch miis Necessaire?
ein Halb	ein Zweitel	(wie ein Drittel, Viertel, usw.)
stottern	schtaggele	Muesch biim Redde nöd schtaggele.
Ranzen, Schultasche	Thek, Schuel-Thek	Häsch diin Thek?
Federtasche	Etui	Dä Fülli isch im Etui.
Lineal	Massstab	Nimm dä Massstab zum mässe.
Sekundarschul-Abschluss	Sek	Nach dä Sek mach ich ä Lehr.

Unordnung	Gnusch/Puff	Was häsch wider für es Gnusch?
Azubi/Azubine	Lehrling, Stift/ Lehrtochter, Stiftin	(genau wie früher in Deutschland)
Gymnasium	Gimmi, Mittelschuel, Kantonsschuel, Kanti	A welles Gimmi gasch du?
Abitur	Matura	Nächscht Wuche han ich Matura-Prüefige.
Abiturient/in	Maturand/in	Alle Maturande sind dure cho
Illustrierte, Magazin	Heftli	Bringet für ä Collage alli es paar Heftli mit.
promovieren	doktorieren	Ich habe an der ETH doktoriert.

10. Wohnen und Nachbarschaft

Als ich 1977 in die Schweiz kam, hatten mich Freunde und Bekannte vorgewarnt, dass ich in der Schweiz schwer Anschluss finden würde. Tatsächlich lernte ich aber bereits in den ersten Wochen Schweizer kennen, denen ich bis heute freundschaftlich verbunden bin. Natürlich ist das im jungen Alter einfacher. Aber auch später hatte ich durch Beruf, Familie und Hobby immer wieder Gelegenheit, neue Bekanntschaften und Freundschaften zu schliessen.

Wohnungssuche

Wer in die Schweiz kommt, um zu arbeiten, braucht eine Wohnung oder ein Haus. Das ist sehr schwierig und gerade in den Ballungszentren wie Zürich, Genf, Basel oder Bern für einen vernünftigen Preis praktisch nicht möglich. Gezwungenermassen werden Sie sich an Peripherielagen orientieren, die gut und gerne 20 bis 30 km von den Stadtzentren entfernt sein können. Dort treffen Sie auf die Landbevölkerung, die weniger tolerant auf Ausländer reagiert als die Stadtbevölkerung, aber umgekehrt von Ihnen einige Toleranz verlangt. Stichworte sind: Gülle und andere Gerüche, Kirchenglocken, Kuhglocken, Lärm innerhalb der Ruhezeiten usw.

Referenzen und Kündigungstermine

Der Mieterschutz ist in der Schweiz weniger ausgeprägt als in Deutschland, wo selbst Mietnomaden noch gesetzlicher Schutz gewährt wird. Bevor Sie den Zuschlag für eine Wohnung erhalten, müssen Sie persönliche Referenzen bringen; das können Ihre Vorgesetzten in der Firma oder der letzte Vermieter sein. Die Hinterlegung einer Mietkaution (schweizerdeutsch: Depot) ist üblich, typisch sind drei Monatsmieten auf einem Sparheft oder Sperrkonto. Die meisten Vermieter verwenden den kantonalen Standard-

Mietvertrag. Er sieht im Regelfall dreimonatige Kündigungsfristen auf bestimmte Termine vor, normalerweise den 31. März und den 30. September. Wer die Wohnung zu einem anderen Termin verlassen will, muss drei Nachmieter präsentieren. Als Konsequenz sind Ende März und Ende September viele Umzugsfirmen ausgebucht (also rechtzeitig reservieren!), auch Handwerker sind dann oft schwerer zu bekommen.

Mieterhöhungen

Mietverträge enthalten meist eine doppelte Teuerungsklausel, d.h. wenn die Inflationsrate um einen bestimmten Prozentsatz steigt, erhöht sich die Miete nach einer vorgegebenen Formel. Da die Inflationsrate in der Schweiz aber traditionell sehr tief ist, typischerweise 1 Prozent, hat dies nur wenig Effekt auf die Miete. Die zweite Teuerungsklausel berücksichtigt die Verteuerung des vom Vermieter investierten Kapitals bzw. seiner Hypothekarschulden. Pro Quartal legt der Bundesrat schweizweit einen Referenzzinssatz fest. Steigt/ fällt dieser Zinssatz darf bzw. muss der Vermieter innerhalb eines halben Jahres die Miete nach festgelegter Formel anpassen, unabhängig davon, wie viele Schulden der Vermieter tatsächlich auf dem Mietobjekt hat. Die Miete kann also steigen oder sinken.

Wer sich nach seiner Ankunft in der Schweiz erst mal orientieren will, mietet besser zuerst ein Zimmer bei einer Privatperson oder in einem günstigen Hotel. Bei einem schweizweiten Leerwohnungsstand von unter 2 Prozent ist es nicht einfach, gleich von Anfang an das richtige Objekt zu finden. Für Studierende oder junge Berufsleute bieten sogenannte «Schlummermütter» in den Städten günstige Zimmer, z.T. mit Familienanschluss, an. Auch Wohngemeinschaften (WGs) sind eine insbesondere in Städten beliebte Wohnform.

Immobilienkauf und Eigenmietwert

Sind Sie in der Lage, gleich eine Eigentumswohnung oder ein Haus zu kaufen, sind zwei Dinge anders als in Deutschland. Die Banken belehnen das Objekt zu 80 Prozent, die restlichen 20 Prozent müssen Sie selbst aufbringen. Die Hypothek wird zweigeteilt: Die erste Hypothek deckt 65 Prozent des Kaufpreises ab und muss nicht, kann aber zurückgezahlt werden. Die zweite Hypothek (15 Prozent) hat im Normalfall einen 1,0 Prozent höheren Zinssatz als die erste und muss zurückgezahlt werden. Alle Schuldzinsen können vom steuerbaren Einkommen abgezogen werden, was sich vorteilhaft auf die Brechung der Progression auswirkt. Dem entgegen wirkt jedoch ein sogenannter Eigenmietwert, der vom Kanton festgelegt wird und wie ein fiktives Einkommen zum steuerbaren Einkommen hinzugerechnet wird. Die aus steuerlicher Sicht optimale Höhe der Schuldzinsen hängt vom Einkommen ab und kann von Spezialisten Ihrer Bank ermittelt werden. Ein steuerbegünstigtes Ansparen zum Immobilienerwerb, wie es in Deutschland mit Bausparverträgen möglich ist, gibt es in der Schweiz noch nicht.

Landwirtschaftszone

Ein spezielles Thema ist der Erwerb von Immobilien in der Landwirtschaftszone. Die Preise sind hier staatlich festgelegt und somit der Spekulation entzogen (z.B. 10 Sfr. pro qm versus 2.000 Sfr. pro qm in der Bauzone). Käufer müssen selber Bauern sein oder einen Bezug zur Landwirtschaft nachweisen können, z.B. als Kinder aus einer Bauernfamilie stammen. Ein Nicht-Bauer muss ein Antragsverfahren durchlaufen und beweisen, dass er bereit ist, mehr für das Land, den Wald, das Seeufer, etc. zu leisten betreffend Umweltschutz und Erhaltung der landwirtschaftlichen Nutzung als der heutige Besitzer.

Küche und Bad

Wohnungen und Häuser in der Schweiz – insbesondere in der Deutschschweiz – werden im Gegensatz zu Deutschland mit eingebauter Küchenzeile vermietet oder verkauft, die meist in einem Topzustand ist. Es gibt also keinen Grund, Ihre Geschirrspülmaschine und Ihren Kühlschrank aus Deutschland mitzubringen. Auch die Badezimmer und WC-Räume sind voll ausgestattet mit Wandschränken, Spiegeln, Handtuchhaltern usw.

Brockenhäuser

Eine Gelegenheit, sich günstig mit Möbeln einzudecken, bieten in der Schweiz die Brockenhäuser oder Brocki-Stuben. Hier werden gebrauchte Möbel und Einrichtungsgegenstände, Geschirr, Kinderspielzeug und mehr feilgeboten, ähnlich wie das in Deutschland auf Flohmärkten der Fall ist, die es in der Schweiz nur in den grösseren Städten und viel seltener gibt. Die Ware ist oft in einem erstaunlich guten Zustand, und mit etwas Suchen findet man regelrechte Schnäppchen. Studierenden und jungen Berufsleuten empfehle ich aus Kostengründen, hier zumindest einmal vorbeizuschauen.

Stecker und Steckdosen

Die Schweiz kennt nicht dieselben Schuko-Stecker wie Deutschland, sondern hat ihr eigenes System wie viele andere Länder in Europa auch. Hier hilft nur ein Adapter oder rasch die deutschen Stecker durch Schweizer Stecker zu ersetzen. In vielen Wohnungen und Häusern sind noch 240-Volt-Steckdosen montiert, in denen die Stecker nicht versenkt werden können. Beim Abziehen des Steckers können die kleinen Finger von Kindern beide Metallstecker berühren, die noch unter Strom stehen. Hier ist also höchste Vorsicht geboten.

Telefonanschluss

Der spezielle deutsche Telefonstecker passt in keinem anderen Land der Welt und auch nicht in der Schweiz, wo es in älteren Häusern einen eigenen Spezial-Telefonstecker gibt und in neueren Häusern der auch in den USA gebräuchliche Western-Stecker verwendet wird, wie man ihn in Deutschland von Faxgeräten her kennt. Bei ausländischen Neukunden verlangt die Swisscom bei der Freischaltung des Anschlusses ein Pfand (schweizerdeutsch: Depot) von 500 Franken, das Sie nach einigen Jahren zurückerhalten, wenn Sie Ihre Rechnungen regelmässig bezahlen.

Richtige Müllsäcke

Der Müll wird in Müllsäcken gesammelt, die meist direkt in den Mülleimer passen. Der Preis des Müllsacks beinhaltet meist schon die Müllgebühr der Wohngemeinde, deren Wappen oder Logo direkt auf dem Müllsack prangt. Einige Gemeinde bieten auch Müll-Etiketten an. Volle Müllsäcke werden gesammelt und ein- bis zweimal pro Woche an die Strasse gestellt, wo die Müllabfuhr sie abholt. Neutrale Müllsäcke oder unetikettierte sowie Müllsäcke anderer Gemeinden werden stehengelassen. Die sogenannte «wilde Mülldeponie» kann eine Busse nach sich ziehen.

Mülltrennung, Altpapiersammlung und Klassenfahrten

Tatsächlich gib es auch in der Schweiz eine Mülltrennung, wenn auch nicht so akribisch und bürokratisch wie in Deutschland. Zeitungen und Altpapier werden separat gesammelt und z.b. in unserer Wohngemeinde etwa alle 10 Wochen von den Schulkindern der 5. Primarschulklasse abgeholt. Die Gemeinde kauft der Schulklasse das Altpapier ab; die Klasse finanziert mit dem Erlös ihre Schulreisen und Ski-Ausflüge. An zentralen Sammelstellen in der Gemeinde können Glas, PET-Flaschen, Aluminium (Konservendosen, Joghurt-Deckeli, Kaffeerahm-Deckeli), Batterien und Karton abgeliefert werden. Praktisch alle Schweizer tun dies auch, aber ganz ohne Zwang. Theoretisch könnten sie Batterien und Glasflaschen auch mit dem normalen Müll entsorgen, nur würde das über die Müllsäcke sehr teuer werden. Es gibt auch eine separate Grünabfuhr. Aber blaue, gelbe, grüne und graue Mülltonnen wie in Deutschland gibt es nicht.

Wohneigentum und Bausparen

In der Schweiz besitzen etwas mehr als ein Drittel der Bevölkerung eigene Wohnungen oder Häuser. In Deutschland ist es nur wenig mehr. Damit liegen beide Länder in Europa am Ende der Rangliste. Spitzenreiter sind die skandinavischen Länder. Es gibt in der Schweiz auch (noch) kein steuerbegünstigtes Bausparen wie in Deutschland. Die einzige Fördermassnahme besteht in der Abzugsmöglichkeit der Schuldzinsen vom zu versteuernden Einkommen.

Waschküchen und Waschmaschinen

In den meisten Mietshäusern gibt es eine zentrale Waschküche mit Waschmaschine, separatem Tumbler (schweizerdeutsch für Wäschetrockner) und oft noch einem Gebläse im Trockenraum (wo die Wäsche auf die Leine gehängt wird). Ein Waschplan regelt die Benutzung, z.b. an einem festen Wochentag von abends 18 Uhr bis zum nächsten Abend 18 Uhr. Die genannten Maschinen müssen manchmal mit Münzen gefüttert werden, damit sie benutzt werden können. Neben den anfallenden Stromkosten werden damit allfällige Reparaturen bezahlt und Rückstellungen für eine neue Maschine gebildet. Obwohl es selbstverständlich sein sollte, die Waschküche mit allen Geräten nach der Benutzung zu säubern, kommt es hier öfter zu Diskussionen. Generell ist die Waschküchen-Regelung ein Brennpunkt des Zusammenlebens, speziell wenn sich Mietparteien Sonderrechte herausnehmen wie z.b. verbotenerweise am Sonntag zu waschen. Mein Rat hier ist, vorher mit allen Beteiligten das Gespräch zu suchen und gegebenenfalls mit einer anderen Partei den Tag zu tauschen, wenn ein Notfall besteht wie z.b. die Rückkehr nach einer Ferienreise oder wenn ein Kind eine Magen-Darm-Grippe hat.

Haustiere, speziell Hunde

Ein weiterer Brennpunkt im Mietshaus oder in der Nachbarschaft sind Haustiere. Normal grosse Hunde und Katzen sind in Mietwohnungen erlaubt, ausser der Mietvertrag sieht ausdrücklich ein Verbot vor. Unbesehen bleibt die Einhaltung der Ruhezeiten, also kein Hundegebell in der Nacht. In einigen Kantonen sind bestimmte Hunderassen als potenziell gefährliche Kampfhunderassen verboten, oder solche Verbote sind in Vorbereitung. Hunde müssen einen Identifikations-Chip implantiert, und der Hundebesitzer muss einen Kurs zur artgerechten Hundeführung absolviert haben. Ferner herrscht in der Schweiz eine Hundekot-Aufnahmepflicht. Auf Deutsch heisst dass, Sie können Ihren Hund nicht wie in Deutschland irgendwo hinscheissen lassen und einfach verschwinden, sondern müssen den Kot einsammeln und in einem Hundekot-Sack mitnehmen, um ihn in einem dafür vorgesehenen Behälter (Robi-Dog) zu entsorgen. Diese Robi-Dog-Behälter sehen aus wie grosse grüne Papierkörbe und stehen an den neuralgischen Orten. Dort gibt es auch die Hundekot-Säcke gratis. Auch hier drohen Bussen für Nichteinhalten der Hundekot-Aufnahmepflicht.

Hier einige Ausdrücke im Zusammenhang mit Wohnen, Wohnungen und Häusern:

Hochdeutsch	Schweizerdeutsch	Beispielsatz (Bemerkung)
Dachboden/Speicher	Estrich	Lueg ä mol uf em Estrich naa.
Schrank	Kasten/Chaschte	Bitte verruum diis Züüg im Chaschte.
Teppichboden/ Auslegeware	Spannteppich	Ich find dä Spannteppich gruusig.
Fahrradkeller	Velokeller	Im Velokeller isch ä Sauordnig.
Waschbecken	Lavabo, Brünneli	S Lavabo isch nöd suuber.
Wäschetrockner	Tumbler	Häts en Tumbler i de Wohnig?
Gardine	Vorhang	(den Ausdruck Gardine gibt es in der Schweiz nicht)
Jalousie	Rolladen; Storen	D Rolläde chasch znacht abe laa.
Katze	Büsi	Chumm, Büsi, chumm.
Offener Kamin	Cheminée	(aus dem Französischen)

Kaminschlot	Chämmi	Uusem Chämmi chunnt Rauch usse.
Schornsteinfeger	Chämmifäger	Dä Chämmifäger hät glüütet.
Fliesen, Kachel	Plättli	Eis Plättli hät en Sprung.
Fliesenleger	Plättlilegger	Dä Plättlilegger muess cho.
Postbote	Pöstler, Pöschtler	Dä Pöschtler bringt d Poscht.
Klingel	Lüüti	D Lüüti obe isch defekt.
Handy	Natel	Wo han ich miis Natel annegleit?
Kehrblech	Schüüfeli	Schüüfeli und Bäseli
Müll	Güsel	Dasmal händ mir wenig Güsel.
Müllsack	Güselsack	Eusä Güselsack isch blau.
umziehen/Umzug	zügeln/Züglete	Mir zügled vo Bärn uuf Züri.
Möbelpacker	Zügelmaa	D Zügelmanne chömed morn.
Gebrauchtkauf	Occasionskauf	D Möbbel han ich occasion poschtet.
Spiesser/spiessig	Bünzli/bünzlig	I dem Huus wohnet nume Bünzli.
Mietkaution	Depot	Das Depot beträgt drei Monatsmieten.
Hausmeister	Abwart	Das müssen Sie dem Abwart melden.
Eigentumswohnung	Stockwerkeigentum	Zum Stockwerkeigentum gehört das Miteigentum wie das Treppenhaus.
Fachwerkhaus	Rigelhuus	Im Dorf schtoht es Rigelhuus.
Erbpacht	Baurecht	Das Huus isch im Baurecht.
Rückzahlen einer Hypothek	amortisieren	Die Amortisation beträgt 5 Prozent pro Jahr.

11. Sport und Sportarten

Breitensport

Die Schweizer waren immer eine grosse Sportnation. Das geht durch alle Schichten und Altersgruppen. Mit Skifahren, Snöben (schweizerdeutsch für Snowboard fahren), Langlaufen im Winter und Velofahren, Bergwandern, Joggen, Schwimmen und Rudern im Sommer betreibt die Mehrheit der Bevölkerung regelmässig Sport.

Spitzensport

Aber auch beim Spitzensport muss sich die Schweiz nicht verstekken. Im Skifahren, Skispringen, Langlaufen, Reiten, Triathlon, Tennis, Eiskunstlauf und mehr stellt die Schweiz zurzeit Spitzensportler. Im Mannschaftssport zählt sie im Eishockey regelmässig zu den besten acht Nationen, und einige Club-Mannschaften gehören zu den besten Europas. Im Fussball würde die Schweiz gern oben mitspielen, aber ausser hin und wieder für einige Überraschungen in der Champions-League -Qualifikation und den Gruppenspielen reicht es leider nicht.

Ski- oder Snowboardfahren ist wichtig

Wenn Sie mit Kindern in die Schweiz kommen, sorgen Sie dafür, dass sie skifahren oder snöben lernen, wenn sie es noch nicht können. Denn dann gehören sie in der Klasse, später im Studium und auch im Beruf dazu. Viele Firmen führen einen oder zwei Skitage pro Jahr durch. Die Nicht-Skifahrer sind schon in der Klasse in der Minderheit und fühlen sich gezwungenermassen ausgeschlossen. Wer schon durch die Sprache oder das Aussehen auffällt, kann beim Skifahren oder Snöben dazugehören. Die Mitgliedschaft in einem Club (Fussball, Eishockey, Velo, Tennis, Ski) ist nicht teuer und hat eine ähnlich integrative Wirkung.

Neben diesen bekannten und beliebten Sportarten gibt es in der Schweiz traditionelle Sportarten, die auch sehr intensiv betrieben werden und gerade in ländlichen Regionen eine grosse Fangemeinde haben: Orientierungslauf, Waffenlauf, Schwingen, Hornussen und Steinstossen.

Orientierungslauf

Die Läufer/innen müssen mit Hilfe von Landkarten versteckte Orientierungspunkte im Gelände ansteuern und den Parcours so schnell wie möglich absolvieren. An den internationalen Meisterschaften sind neben den Schweizern die skandinavischen Länder stark vertreten.

Waffenlauf

Dieser Langstreckenlauf mit Militärrucksack und Gewehr hat seine Ursprünge in der militärischen Ausbildung und bedeutet für eine Milizarmee, für die jeder Schweizer bis zu einem gewissen Alter jährliche Wiederholungskurse (WK) absolviert und sein Gewehr daheim aufbewahrt, eine willkommene Verankerung in der Bevölkerung. Der bekannteste Waffenlauf ist der «Frauenfelder».

Schwingen

Beim Ringen unter freiem Himmel in einer Sägemehl-Arena tragen die beiden Kontrahenten (Schwinger) spezielle Zwilch-Hosen, an denen sie sich gegenseitig mit vorgeschriebenen Griffen halten und versuchen, den anderen mit einem Schwung ins Sägemehl zu befördern. Kampfrichter überwachen die Stilechtheit der Schwünge und entscheiden über Sieg oder Niederlage. Wird der Kampf (als «Gang» bezeichnet) unentschieden gegeben, heisst er «gestellt», kann aber dennoch für einen der beider Schwinger mehr Punkte geben, wenn er aktiver war. Je nach Verband nennen die Schwinger sich selbst «Sennen», «Turner» oder «Böse». Alle drei Jahre findet das Eidgenössische Schwingfest statt, an dem in acht Gängen der Schwingerkönig erkoren wird, der danach nationale Prominenz geniesst. Als Siegerpreis erhält er einen Muni, den traditionellen Stier. In den nächsten Rängen plazierte Schwinger bekommen Kränze, so wie die antiken griechischen Olympiasieger.

Hornussen

Dieses Mannschaftsspiel wird besonders in der Region II, also im Grossraum Bern, gespielt. Wer am Wochenende durch das Emmental fährt, sieht auf abgemähten Wiesen oder auf Äckern Männer grosse Holzbretter, die wie Pizza-Schaufeln aussehen, in die Luft werfen und dabei gestikulieren und laut schreien. Ganz entfernt erinnert das Spiel an das deutsche Brennball- oder das amerikanische Baseball-Spiel. Der Hornuss oder auch nur Nuoss (eine Art Gummischeibe) wird von der abschlagenden Mannschaft von einer Startrampe, Bock genannt, mit einem überlangen Stecken abgeschossen und kann bis zu 300 Meter weit fliegen. Die abfangende Mannschaft versucht mit den Holzbrettern den «Nuoss abzutun». Gelingt ihr das, bekommt die abschlagende Mannschaft einen Strafpunkt. Die Mannschaft mit den wenigsten Strafpunkten hat am Schluss gewonnen. Für Zuschauer ist es schwierig, den Flug des Hornuss in der Luft zu verfolgen, aber die Spieler sind geübt und melden den Durchflug auch nach hinten weiter.

Steinstossen und Unspunnenstein

Beim Steinstossen muss der Stösser einen um die 100 kg schweren Stein nach etwas Anlauf von sich wegdrücken. Die weitesten Steinstösse liegen zwischen 3 und 4 Metern, leichtere Steine bis 40 kg fliegen 4 bis 5 Meter weit. Der bekannteste Stein ist der Unspunnenstein, der seit dem ersten Eidgenössischen Älplerfest 1905 in Unspunnen in der Nähe von Interlaken immer wieder zum Einsatz kam, bis ihn jurassische Separatisten 1984 «entführten». Er tauchte zwischenzeitlich zwar wieder auf, ist aber seither mit Europa-Sternen verziert, sodass heute nur noch mit einer Kopie des Originalstein gestossen wird. Die jurassischen Separatisten streben übrigens eine Wiedervereinigung des 1979 vom Kanton Bern abgetrennten und neu gegründeten Kantons Jura mit dem damals beim Kanton Bern verbliebenen Südjura mit den Städten Biel und Moutier an.

Die folgende Tabelle präsentiert sporttypische schweizerdeutsche oder schriftdeutsche Begriffe:

Hochdeutsch	Schwiizertüütsch	Beispielsatz (Bemerkung)
Fussball spielen	tschutte	Hüt tschutted au d Meitli.
Tor	Goal	Dä Bölle isch im Goal.
Torwart	Goalie	Dä Goalie isch ä Pfiife gsii.
Ball	Bölle	Dä Bölle isch rund.
Elfmeter	Penalty	(aus dem Englischen)
Abseits	Offside	(aus dem Englischen)
Schweiz vor!	Hopp Schwiiz!	(Schlachtruf für alle Sportarten)
Hobby-Fussballturnier	Grümpelturnier	D Firma organisiert es Grümpelturnier.
Endspiel, Finale	Final	Dä Final händ Zürcher gunne.
unentschieden	Remis (aus dem Französischen)	Nach dä reguläre Spiilziit isch es remis gschtande.
aufgeben	Forfait geben / gä	Mit dä Verletzig het er müesse forfait gä.
der Eckstoss, die Ecke	der Corner	Es Goal isch durch en Corner vo dä rächte Siite zschtandcho.
Schiedsrichter	Schiri oder Ref	(aus dem Englischen, Referee)
1. Bundesliga in CH	Super League	I de Super League schtoht Züri vor Bärn.
2. Bundesliga in CH	Challenge League	St. Galle sötti i dä Challenge League sii.
Ausscheidungsspiel	Barrage	(aus dem Französischen)
Snowboard fahren	snöben	Die Snöber chömmed mir in Wäg.
Ausweis, Befähigungsnachweis	Brevet, Patent, Uuswiis	Ich han s Schilehrer-Patent.

12. Schweizer Kultur

Unbekannte Schweizer Kulturszene in Deutschland

Die grosse Mehrheit der Deutschen nimmt das kulturelle Leben in der Schweiz leider kaum wahr. Wenn sie dann in die Schweiz kommen, schauen sie weiter deutsche Fernsehsender und hören deutsche Radiostationen, die praktisch überall empfangen werden können. Ältere erinnern sich aber sehr gerne an Klassiker wie die «Heidi»-Kinderbücher von Johanna Spyri, den Song «Grüezi wohl, Frau Stirnimaa», die Sketche von Emil Steinberger sowie die Fernsehsendung «Verstehen Sie Spass?» mit Kurt und Paola Felix. Jüngere Zuschauer wissen auch, dass DJ Bobo mit seinen Welthits ein Schweizer ist. Mir ist bewusst, dass die Aufzählung gerade auf Schweizer etwas klischeehaft wirkt, aber leider entspricht sie den Tatsachen.

Autoren und Literatur

In der Literatur fällt einigen Deutschen neben Schillers «Wilhelm Tell» der «Der Zauberberg» ein, der zwar in Davos spielt, aber von Thomas Mann geschrieben wurde. Dieser emigrierte als Deutscher immerhin in die Schweiz und verbrachte seinen Lebensabend in Kilchberg am Zürichsee , wo er auch begraben liegt. Der auf demselben Friedhof begrabene Schweizer Dichter Conrad Ferdinand Meyer ist nur Literatur-Interessierten bekannt.

Die Autoren Gottfried Keller («Kleider machen Leute», «Der grüne Heinrich», «Romeo und Julia auf dem Dorfe»), Max Frisch («Andorra», «Stiller», «Homo faber») und Friedrich Dürrenmatt («Der Richter und sein Henker», «Der Besuch der alten Dame», «Die Physiker») werden von vielen Deutschen gar nicht als Schweizer Schriftsteller wahrgenommen, sondern gehören zur allgemeinen deutschen Literatur-Welt wie die Deutschen Bertolt Brecht,

Heinrich Böll und Günter Grass. Schweizer Autoren wie Niklaus Meienberg, Franz Hohler und der in Berlin lebende Thomas Hürlimann sind nur Literatur-Kennern bekannt.

Filmszene

Bei den Schauspielerinnen und Schauspielern fallen immerhin einigen Deutschen die Namen Ursula Andress (das erste Bond Girl) und Bruno Ganz als authentischer Hitler-Darsteller ein. Auch kennen die Leute Maximilian und Maria Schell, während Matthias Gnädinger nur eine schweizerische Grösse zu sein scheint. Der Davoser Regisseur Marc Forster hat u.a. durch den James-Bond-Film «Ein Quantum Trost» einen hohen Bekanntheitsgrad erlangt.

Maler und Architekten

In der bildenden Kunst sind Max Bill (Bildhauer und Architekt), Paul Klee (Maler), Jean Tinguely (Bildhauer, kinetische Kunst) und Hans Erni (Maler und Bildhauer) natürlich bekannte Grössen, die aber ebenfalls nicht unbedingt als Schweizer Künstler wahrgenommen werden. Schon eher ist das bei den Architekten Mario Botta (Museum of Modern Art, San Francisco), Herzog & de Meuron (Pekinger Olympiastadion) oder Peter Zumthor (Kunsthaus Bregenz) der Fall, die mit ihren spektakulären Bauten für Furore sorgen.

Die Maler Ferdinand Hodler, Giovanni Segantini, der in Davos schaffende und verstorbene Deutsche Ernst Ludwig Kirchner sowie Franz Gertsch sind in der Schweiz populär, und ihre Bilder erzielen Rekordpreise. In Deutschland werden sie nur von Insidern geschätzt.

Musikszene

Die Schweizer Musikszene ist sehr lebendig. Sie wird von Berner Mundart-Rock- und -Pop-Bands geprägt, von denen sich nicht wenige von dem 1972 jung verunglückten Liedermacher Mani Matter beeinflussen lassen. Polo Hofer mit seiner «Schmätterband», Gölä, «Züri West», «Patent Ochsner» und andere werden am Radio gespielt, und ihre Konzerte sind schweizweit ausverkauft. Keiner ihrer Songs schafft es jedoch in die deutsche Hitparade, was nicht nur am für Deutsche schwer verständlichen Schweizer- und insbesondere Berndeutsch liegen kann. Eine vergleichbare lokale Musikszene gibt es in Deutschland in Köln, die ihre Songs nur auf Kölsch singt und damit durchaus in ganz Deutschland Erfolg hat, obwohl die Texte auch schwer verständlich sind. Die Schweizer Musiker geben sich mit ihrem Erfolg in der Schweiz zufrieden und versuchen gar nicht, den «Grossen Kanton», wie Deutschland manchmal liebevoll genannt wird, zu erobern. Eine Ausnahme ist die junge Walliserin Stefanie Heinzmann, die seit ihrem Debüt in Stefan Raabs Casting-Show mit ihren meist englischen Songs in der Schweiz und in Deutschland bekannt geworden ist. Auch die Hardrock Bands «Krokus» und «Gotthard» hatten zu ihren besten Zeiten eine deutsche Fangemeinde. Die ursprüngliche Volksmusik ist in der Schweiz im Gegensatz zu Deutschland noch sehr lebendig. In den «Volksmusik»-Sendungen des Fernsehens spielt die Schweiz hingegen eher eine kleine Rolle.

Comedyszene und Humor

Schweizer Humor ist anders als deutscher Humor. Schon weil die Deutschen das Schweizerdeutsche meist gar nicht verstehen, können sie nicht mitlachen. Auch umgekehrt sind nur wenige deutsche Komiker in der Schweiz populär, z.b. hat Gerhard Polt hatte eine grosse Schweizer Fangemeinde, so wie auch Michael Mittermeier, beide aus Bayern und mit markantem Akzent. Mittermeier darf sich sogar erlauben, Witze über die Schweizer zu machen, weil er sich bei seinen Auftritten recht gut über die Schweizer Politik informiert zeigt und eine eigene Swiss Edition seiner Sketche herausgibt. Hingegen kommt der «Schnellschwätzer aus Berlin», Mario Barth, trotz seiner Riesenerfolge in Deutschland bei den Schweizern weniger gut an.

Eine feste Grösse in der Schweizer Humor-Szene sind jedoch Victor Giacobbo und Mike Müller, die jeden Sonntagabend in der Satiresendung die schweizerische und internationale Politik aufs Korn nimmt. Hier bekommen auch die Deutschen regelmässig ihr Fett weg. Ohne Schweizerdeutsch zu verstehen ist es jedoch schwierig, die Sendung zu verfolgen, aber es ist immer eine gute Übung dabeizusein und sich ins Schweizerdeutsche einzuhören.

Schweizer Fernsehen
Das Schweizer Fernsehen ist schweizweit mit SRF1 und SRF2 für die Deutschschweizer, mit RTS1 und RTS2 für die Westschweizer und mit RSI LA1 und RSI LA2 für die italienischsprechenden Schweizer (Tessin und Süd-Graubünden) vertreten. Vor und nach den Nachrichtensendungen und zwischen den Filmen oder Reportagen wird Werbung ausgestrahlt. Die staatlichen Radioprogramme SRF1, 2 und 3 hingegen sind werbefrei – in angenehmem Kontrast zu den schweizerischen Lokalradios, aber auch zu den deutschen öffentlich-rechtlichen Rundfunksendern, wie z.b. Bayern 3 oder SWR3, die auch in der Schweiz zu empfangen sind.

Radio und Werbung
In Deutschland haben sich die öffentlichen Rundfunkanstalten zu sehr teuren Einrichtungen entwickelt. Während in der Schweiz z.b. die Morgensendungen von SFR von einer Person moderiert werden, die auch den Wetterbericht und die Verkehrsnachrichten spricht, reden z.b. bei Bayern 3 zwei Moderatoren miteinander, übergeben das Wort an den Nachrichtensprecher, die Wetterfee und schalten zur Verkehrsdurchsage. Dann sitzen noch zwei Witzfiguren auf dem Studiobalkon und kommentieren die Sendung aus dem Off. Es müssen also neben dem technischen Personal sechs weitere Personen statt einer finanziert werden, was die sehr vielen nervigen Werbeblöcke im deutschen öffentlich-rechtlichen Radio erklärt.

Zeitungswesen

In der Schweiz gibt es eine sehr vielfältige Zeitungslandschaft. Fast jeder Bezirk hat noch seine eigene Zeitung, obwohl auch hier ein Konzentrationsprozess im Gange ist, der durch sinkende Werbeeinnahmen und die Konkurrenzierung durch Gratisblätter verschärft wird. Die einzige Zeitung mit internationaler Ausstrahlung ist die **«Neue Zürcher Zeitung» (NZZ)**, die für eine bürgerliche, eher konservative Meinung steht und immer sehr sachlich berichtet und kommentiert. Sie ist vergleichbar mit der **«Frankfurter Allgemeinen»** in Deutschland. Im Wirtschaftsleben ist die morgendliche Lektüre der NZZ ein Muss. Die linksliberale Konkurrenz dazu ist der Zürcher «Tagesanzeiger». Das andere Extrem, also ein sehr reisserisches Blatt mit vielen Fotos und grossen Schlagzeilen, auch wenn wenig dahintersteckt, ist der **«Blick»**, den man getrost mit der deutschen **«Bild-Zeitung»** vergleichen kann. Der «Blick» ist auch das bevorzugte Medium der Cervelat-Prominenz. So bezeichnen die Schweizer die Möchtegern-Prominenz, die sich auf jeder Veranstaltung (auf Schweizerdeutsch etwas verächtlich «Hundsverlochete», also Hundebegräbnis, genannt) vor die Kameras drängt.

Sommerfeste, Herbst-Chilbi und Vereinsleben

Im Sommer und Herbst finden in allen Städten, Gemeinden und Dörfern die traditionellen Feste wie Seenachtsfeste, Stadtfeste, Dorf-Chilbi (Kirmes) usw. statt. Der grösste Rummel ist an den traditionellen Anlässen wie Knabenschiessen in Zürich oder den Stadtfesten in Winterthur, Bern und St. Gallen anzutreffen, bei denen auch professionelle Schausteller ihre Bahnen und Karussells aufbauen. Interessant sind jedoch die vielen kleinen Chilbis in den Gemeinden und Dörfern, in denen überwiegend die Vereine zum Zug kommen, von der freiwilligen Feuerwehr bis zum Rock'n'Roll-Club. Sie bauen Essstände, Schiessstände, Mohrenkopf-Schleudern, Ponyreiten usw. auf, um ihre Vereinskasse etwas aufzufüllen. Gerade für Familien mit kleineren Kindern ist die Dorf-Chilbi der ideale Anlass, um andere Familien kennen zu lernen und allgemein am Dorfleben teilzunehmen. Da immer wieder Freiwillige für die Organisation gesucht werden, bietet sich hier auch eine ideale Gelegenheit einzusteigen und so die Nachbarn und Mitbewohner kennen zu lernen.

Restaurant-Stil und Rückwärtsgewandtheit

Restaurants und Beizen (Kneipen) sind in der Schweiz modern, funktional und eventuell erlebnisorientiert (wenn die Lokalität im städtischen Umfeld ist) eingerichtet. Auf dem Land präsentieren sich die Restaurants eher rustikal und mit viel Holz. In Deutschland wirken eine Vielzahl der Restaurants und Gaststätten altbacken und unmodern. Das ist schon an der altgotischen Schrift aussen wie innen erkennbar, die in ganz Deutschland überall anzutreffen ist und gesetzlich vorgeschrieben zu sein scheint. Vermutlich soll damit Gemütlichkeit ausgestrahlt werden, die aber wie der Gelsenkirchener Barock der Fünfzigerjahre, der auch in Restaurants immer noch anzutreffen ist, heute auf mich sehr kitschig und rückwärtsgewandt wirkt. Museumsdörfer, in denen alte Handwerkskunst gelehrt wird, mittelalterliche Märkte, Ritterspiele, Wiederinbetriebnahme von Wind- und Wassermühlen liegen in ganz Deutschland im Trend und ziehen Mengen von Besuchern an. In der Schweiz gibt es mit dem Ballenberg im Berner Oberland nur ein einziges Museumsdorf.

Klassische Touristenorte wie Davos, St. Moritz, Interlaken oder Zermatt haben sich ein modernes Image verpasst, und ihr Stadt-/ Dorfbild spiegelt das wieder. Die alte Welt ist im Ortsmuseum und in einigen ausgewählten, erhaltenen Häusern zu besichtigen. Wer hingegen Touristengegenden in Deutschland besucht, z.B. den Tegernsee, Rothenburg ob der Tauber oder ähnliche, bekommt den Eindruck vermittelt, dass die Zeit zumindest hier stehengeblieben ist und dass die vielen Besucher sich genau deswegen angezogen fühlen. Ich befürchte, dass diese Rückwärtsgewandtheit, der mangelnde Reformwillen und die fehlende Innovationsstärke in Deutschland miteinander im Zusammenhang stehen.

Heidi, Geissenpeter, Schellenursi, Globi, Papa Moll und Samichlaus
Zum Schluss dieses Kapitels einige Hinweise für Kinder. Die
«Heidi»-Kinderbücher sind zwar immer noch populär, werden aber
weniger gelesen, sondern die Geschichten von Heidi, Geissenpeter
und dem Alpöhi werden den Kindern via Film und Fernsehen
vermittelt. Hingegen wird die Geschichte vom Schellenursli als
Bilderbuch von Alois Carigiet immer wieder gern vorgelesen.
Carigiets Figuren finden sich auch auf Kalendern und Postkarten,
speziell im Engadin, wo die Geschichte spielt. Aber keine andere
Figur lieben Schweizer Kinder so wie Globi, eine Art sprechenden
Papagei, dessen Abenteuer in Comic-Heften bewundert werden
können. Aber mit Hilfe von Globi wird den Kindern auch immer
ein erzieherischer Hinweis mitgegeben. Ähnlich populär sind die
Geschichten von Papa Moll und seiner Familie.

Wer mit Kindern in die Schweiz kommt, sollte den Bibabutze-
Mann vergessen, statt dessen geht die «Chatz uf Walliselle» und
statt des Nikolaus kommt der Samichlaus mit dem Schmutzli am
6. Dezember in die Wohnungen. Zu einer erfolgreichen Integration
gehört, diese Kinderlieder, Kindergedichte und Bräuche der Schweiz
zu kennen, und die eigenen Kinder nicht immer wieder mit den
deutschen Ausdrücken und Formen zu verwirren.

Einige Ausdrücke zum Thema Kultur und Brauchtum:

Hochdeutsch	Schweizerdeutsch	Beispielsatz/Bemerkung
Eröffnung einer Ausstellung	Vernissage	Wir beginnen die Vernissage mit einem Apéro.
Nikolaus	Samichlaus	Hüt chunnt der Samichlaus.
Knecht Ruprecht	Schmutzli	Am Chlaus-Hock chunnt au dä Schmutzli.
April, April	1. April	(Sehr beliebter Brauch in allen Zeitungen, auf deren 1.-April-Artikel die Leser immer wieder hereinfallen.)

Kirmes, Rummel	Chilbi	Jedes Dorf hät siini Chilbi.
Doppelkopf	Jassen	(Wird ähnlich dem deutschen Doppelkopf zu viert gespielt)
Mau-Mau	Tschau-Sepp	(das einfache Kartenspiel)
Mensch ärgere dich nicht	Eile mit Weile	(das bekannte Brettspiel)

13. Reisen und Öffentlicher Verkehr

Öffentlicher Verkehr

In keinem anderen Land der Welt ist das Reisen mit dem öffentlichen Verkehr so angenehm wie in der Schweiz, denn es gibt praktisch keinen Ort, der nicht mit Bahn, Bus oder Schiff erreicht werden kann. Die Schweizer fahren mit 2100 km auch weltweit die meisten Bahnkilometer pro Einwohner; dies bei im Durchschnitt 47 Bahnfahrten pro Jahr. Die Japaner folgen knapp dahinter, während Deutsche mit nicht einmal der Hälfte gefahrener Kilometer weit abgeschlagen sind.

Halbtax-Abo

Es wundert daher auch nicht, dass das Halbpreis-Abo («Halbtax») und das General-Abo in der Schweiz bereits Mitte der Achtzigerjahre eingeführt wurden, lange bevor es mit der Bahncard in Deutschland etwas Vergleichbares gab. Das Halbtax kostet 175 Franken pro Jahr (450 Franken für drei Jahre) und ermässigt auf allen Bahnstrecken, Schiffsverbindungen und Buslinien in der ganzen Schweiz die Fahrkosten um 50 Prozent, unabhängig von der benutzten Klasse. Es ist damit wesentlich einfacher als die verschiedenen Bahncard-Tarife der Deutschen Bahn. Im grenzüberschreitenden Verkehr, also bei einer Bahnfahrt von der Schweiz nach Deutschland oder zurück, gibt es mit dem Halbtax auch auf den deutschen Strecken 25 Prozent Ermässigung.

Generalabonnement

Das General-Abo oder GA, wie es liebevoll genannt wird, ist der Traum jedes Berufspendlers in der Schweiz. Es ersetzt vollwertig ein eigenes Auto, weil man jederzeit ohne den Kauf einer Fahrkarte in jeden Zug, Bus, jedes Tram oder Schiff steigen kann. Dann ist

Zeitunglesen, Schlafen, am Notebook Arbeiten, i-Pod hören, mit Arbeitskollegen Plaudern angesagt. Täglich pendeln in der Schweiz so Hunderttausende.

Fahrkarten

Ein besonderes Merkmal des öffentlichen Verkehrs in der Schweiz – und damit ganz anders als in Deutschland – ist die Gültigkeit der Fahrkarten nur nach den gefahrenen Streckenkilometern und unabhängig vom Betreiber. Ob ich im Grossraum Zürich mit den Schweizerischen Bundesbahnen SBB, dem Zürcher Verkehrsverbund ZVV (per S-Bahn und Tram), der Zürichsee-Schifffahrtsgesellschaft ZSG oder einem internationalen Zug wie ICE, TGV usw. reise, immer gelten dieselben Fahrkarten und Ermässigungen. Auch wenn Sie z.b. von Davos nach Zermatt reisen und nacheinander die Rhätische Bahn, die SBB, die Bern-Lötschberg-Simplon-Bahn (BLS) und zuletzt die Matterhorn-Gotthard-Bahn nehmen, müssen Sie nur eine einzige Fahrkarte lösen. Statt Fahrkarte heisst es in der Schweiz Billett oder Ticket.

Auch zum Flughafen Zürich empfiehlt sich die Anreise mit der Bahn, wobei es an vielen Bahnhöfen möglich ist, das Gepäck bereits dort einzuchecken. Vom unterirdischen Flughafenbahnhof erreichen Sie übrigens die Eincheck-Schalter schneller als vom Parkhaus – und sparen die sehr hohen Parkgebühren.

Vergünstigungen

Es gibt neben Halbtax und anderen Abos viele Möglichkeiten, die Reisekosten zu optimieren. Viele Firmen geben sogenannte REKA-Schecks ab, die wie Geldnoten aussehen, aber zu 80 oder 90 Prozent ihres nominellen Wertes bezogen werden können. Damit können alle Billette, aber auch Ski-Abos usw. bezahlt werden. Im Winter bieten viele Skiorte Kombinations-Tickets an (Tages-Skipass inkl. Bahn-/Bus-Billett), die nur unwesentlich teurer als eine reine Tageskarte sind. Zusätzlich bieten Migros, Coop, die SBB und andere

Firmen ihren treuen Kunden immer wieder Gutscheine an, mit denen man Billette zum reduzierten Preis kaufen kann.

Schwarzfahren

Keinen Spass versteht der Kontrolleur, wenn er in den S-Bahnen oder Zügen wie dem Glarner Sprinter, die normalerweise ohne Zugbegleiter fahren und mit einem gelben Augensymbol (Selbstkontrolle) gekennzeichnet sind, Reisende ohne gültige Fahrkarte antrifft. Im Grossraum Zürich kostet das sofort 80 Franken. Hierunter fallen auch Reisen in der 1. Klasse mit einem 2.-Klasse-Ticket oder ein gültiges Billett zum halben Preis ohne den Besitz eines Halbtax-Abos.

1. und 2. Klasse

In den doppelstöckigen S-Bahn-Pendlerzügen ist der Unterschied zwischen der 1. und der 2. Klasse nicht sehr ausgeprägt, was die Bequemlichkeit der Sitze oder die Privatsphäre angeht. Der Mehrpreis bei der Fahrkarte hat hier mehr den Zweck, die Reisenden zu selektieren und mehr Ruhe zum Lesen oder Arbeiten in der 1. Klasse zu gewährleisten. In der 2. Klasse geht es oft sehr laut zu, und verschiedene Essensgerüche vereinigen sich manchmal zu einem ganz unappetitlichen Gemisch. Dafür nerven in der 1. Klasse die immer fantasievolleren Klingeltöne der Handy-Benutzer.

Zusammenfassend hier einige schweizerische Reise-Begriffe:

Hochdeutsch	Schriftdeutsch	Beispielsatz (Bemerkung)
Fahrkarte	Billett, Ticket	Alle Billette vorweisen, bitte.
Bahncard 50	Halbtax-Abo	(eine 50-Prozent-Vergünstigung auf alle Fahrkarten)
Bahncard 100	General-Abo GA	Freie Fahrt mit Bahn, Tram und Schiff.
Schaffner	Kondukteur	(aus dem Französischen, heute auch Zugbegleiter genannt)

Bahnsteig	Perron	(aus dem Französischen)
Schranke	Barriere	D Barriere isch gschlosse.
Flugsteig	Terminal	Zum Abflug bitte nach Terminal 65.
Postbus	Postauto	Fährt das Postauto am Sonntag?
(Reise-)Bus	Car	Wir gehen mit dem Car zum Spiel.
SBB	Schweizerische Bundesbahnen	Entspricht der Deutschen Bahn
BLS	Bern-Lötschberg-Simplon-Bahn	Privatbahn in den Kantonen Bern und Wallis
SOB	Süd-Ost Bahn	Privatbahn der Kantone St. Gallen und Schwyz
RhB	Rhätische Bahn	Privatbahn im Kanton Graubünden

14. Wetter und Wetterlagen

Viele Wetterberichte

Im nördlicheren Deutschland ist das Wetter in der Winterhälfte meist trüb und nass, im Sommer kann es Schönwetter-Perioden geben, die dann von Regenperioden abgelöst werden. Insgesamt ändert sich das Wetter in Deutschland nur langsam und ist somit für die meisten Leute kein Thema. Deutsche in der Schweiz wundern sich oft über die ausführlichen Wetterberichte in Fernsehen und Radio oder machen sich darüber lustig nach dem Motto «Es scheint in der Schweiz keine grösseren Probleme zu geben als das Wetter.»

Obwohl die Schweiz verglichen mit Deutschland flächenmässig klein ist, existieren hier sehr lokale Wetterphänomene, die es sich lohnt in der Tagesplanung zu berücksichtigen. Gerade wer in der Freizeit gern in der Natur ist, sei es beim Wandern, Skifahren, auf oder am See, ist gut beraten, täglich mehrmals den Wetterbericht zu hören und seine Aktivitäten auf das Wetter abzustimmen. Als erfahrener Segler, Surfer, Delta- und Gleitschirmpilot halte ich mich für kompetent, hier die fünf wichtigsten Wetterlagen für die Regionen I und II (siehe Schweizer Karte in Kapitel 3) zu beschreiben.

a) Bisenlage

Bei der Bise (Wind aus Nordosten, auch Biswind genannt) handelt es sich zwar um eine steife Brise, die die Schweizer aber ohne «r» Bise nennen. Für Windsportarten wie Segeln oder Fliegen ist es die schönste Wetterlage überhaupt. Sobald sich ein Hochdruckgebiet mit Kern auf der Höhe Englands in den Kontinent schiebt, entsteht ein Bodenwind, der aus Richtung Nord bis Nordost auf die Schweiz trifft und zwischen den Alpen und dem Jura-Gebirge kanalisiert wird. Da beide Gebirge in Richtung Westen zusammenlaufen, wird die Bise dort wie in einem Trichter beschleunigt und erreicht auf dem Genfersee Windgeschwindigkeiten bis 70 km/h, während es auf dem Zürichsee nur 20 bis 30 km/h sind. Eine Bisenlage kann einen bis fünf Tage andauern und bringt im Sommer auch bei intensivstem Sonnenschein eine angenehme Abkühlung. Im Winter ist eine Hochdrucklage immer auch mit Hochnebel verbunden, sodass die kalte Bise zusammen mit der Luftfeuchtigkeit des Nebels sehr unangenehm wirkt.

b) Nordstaulage

Liegt die Zugbahn des Hochdruckgebiets etwas südlicher (der Kern nähert sich dem Kontinent auf der Höhe der Pyrenäen) und das abziehende Tief über der Ostsee, so treffen die Winde aus Nordwesten oder Norden direkt auf die Alpen. Über dem Atlantik und der Nordsee konnten diese Luftmassen Feuchtigkeit aufnehmen, die sich vor den Alpen stauen und in tagelangen Regengüssen ausregnen. In der Deutschschweiz, den Regionen I und II, bedeutet das also sehr schlechtes Wetter, und an Outdoor-Aktivitäten ist gar nicht zu denken.

Auf der Alpensüdseite, den Regionen IV (Wallis), V (Engadin) und besonders VI (Tessin), kommt eine abgetrocknete Luftmasse an, die vom Alpenhauptkamm in die Täler hinunterstürzt und sich dabei erwärmt. Es bildet sich dort eine Nordföhnlage mit freundlichem Wettercharakter und relativ milden Temperaturen. Wer also kurzfristig etwas Sonne tanken möchte, kann sich mit Auto oder Zug durch den Gotthard auf die Alpensüdseite begeben und dort das tolle Wetter geniessen. Das Gefühl, nach tagelangem Dauerregen und frostigen Temperaturen in den Gotthardtunnel einzufahren und diesen nach 20 Minuten bei schönstem Sonnenschein in Airolo wieder zu verlassen, ist unbeschreiblich. Dann dauert es noch etwa 60 Minuten bis Ascona, wo am Lido ein Teller Spaghetti Carbonara mit einem Schluck Merlot das Glück vervollständigt.

c) **Hochdrucklage und flache Druckverteilung**

Sobald das Hochdruckgebiet weiter nach Osten vorankommt, lässt der Nordstau allmählich nach. Das Barometer zeigt zwar fallenden Luftdruck an, aber das Wetter bessert sich. Es bildet sich eine stabile Hochdrucklage, die mehrere Tage anhalten kann und im Sommer für schönes Wetter sorgt. Im Winter hingegen bildet sich eine Inversionslage, das heisst, es ist in der Höhe wärmer als in Bodennähe, und als Folge bildet sich eine Hochnebeldecke. Unter dem Nebel ist es kalt und feucht, über dem Nebel herrscht herrlicher Sonnenschein bei bester Fernsicht. Am Anfang liegt die Nebelobergrenze bei 1500 bis 1800 Metern, sodass es nur in den Voralpen möglich ist, der Nebelsuppe in die Höhe zu entfliehen. Dann sinkt die Nebelgrenze von Tag zu Tag bis gegen 600 Meter, sodass sich bekannte Berge des Mittelandes wie der Üetliberg bei Zürich, der Berner Gurten, die aargauerische Lägeren und der Solothurner Weissenstein als Fluchtziele anbieten. Sie ragen dann wie kleine Inseln aus dem Nebelmeer. Die Antwort auf die Frage: «Hat die Schweiz auch ein Meer?» lautet natürlich: «Ja, das Nebelmeer.» Und es sind dann solche Tage im Herbst und im Winter gemeint.

Im Winter werden bis zu drei Wochen anhaltende Hochdrucklagen mit Nebelmeer durch den Aufzug eines Tiefdruckgebiets beendet, das mit seinen Fronten Wind erzeugt und den Nebel endlich wegputzt. Im Sommer verflachen sich am Ende der Hochdrucklage die Druckgegensätze, und es entsteht eine sogenannte flache Druckverteilung, die zu Gewittern und Hagelstürmen neigt, die lokal sehr heftig ausfallen und dann oft zu Überschwemmungen und Murgängen führen können. Wer als Berggänger in den Alpen oder Wassersportler auf den Seen unterwegs ist, muss den Tagesgang des Wetters (morgens blauer Himmel, mittags Quellwolken, nachmittags Blitz und Donner) beobachten und die Zeichen für das Entstehen eines Gewitters genau kennen und rechtzeitig Schutz suchen können. Bereits am Morgen wird in den Wetterberichten auf die möglichen Gefahren hingewiesen.

d) **Westwindlage**

Am Ende einer Hochdrucklage kann durch ein Tief über der Nordsee und hochdruck-bestimmtes Wetter südlich der Alpen eine mehrtägige Westwindlage entstehen. Je nachdem, ob das Tief oder das Hoch für die Schweiz tonangebend ist, ist der Wettercharakter im Mittelland freundlich oder eher durch Regenschauer bestimmt. Auf jeden Fall bläst dann ein ordentlicher Westwind durch das Land, der auf den Jurahöhen und auf den Alpengipfeln Orkanstärke erreichen kann. Im Sommer freuen sich die Segler und Surfer auf praktisch allen Mittellandseen, im Winter leiden die Skifahrer, weil ihnen die durch den Sturm aufgewirbelten Schnee- und Eispartikel die Sicht nehmen und auf der Haut wie Nadelstiche wirken. Dann ist besondere Vorsicht vor Erfrierungen im Gesicht angesagt. Südlich der Alpen bleibt das Wetter durch den Hochdruckeinfluss sonnig, und der Alpenbogen verhindert, dass sich auch hier der stürmische Westwind austoben kann.

e) **Föhnlage**

Diese Wetterlage ist ganz speziell und fasziniert die Menschen im Guten wie im Schlechten. Wer aus Norddeutschland neu in die Schweiz kommt, wird ganz schnell damit konfrontiert, z.b. wenn einer kommt und sagt: «Oh, heute habe ich wieder Kopfweh, es muss am Föhn liegen.» Tatsächlich ist aber möglicherweise weit und breit keine Spur von Föhn auszumachen, und das arme Wetterphänomen muss für die Folgen der durchzechten Nacht herhalten. Einem Neuankömmling soll der Föhn angeblich auch erst nach mehreren Jahren ähnlich stark wie den Einheimischen zusetzen, wenn sich die nötige «Föhnfühligkeit» entwickelt hat.

Der Föhn ist ein extrem böiger Sturm bis zur Orkanstärke, der durch die nördlichen Alpentäler fegt, welche in Süd-Nord-Richtung verlaufen. Die bekanntesten Föhntäler sind das St. Galler Rheintal, das Glarnerland, das Urnerland, das obere Aaretal (Haslital) und das Lauterbrunnental, wo der sogenannte Guggiföhn oft die

Durchführung des bekannten Lauberhorn-Skirennens bedroht. Im Glarner- wie im Urnerland lautet die Antwort auf die Frage nach dem ältesten Einwohner: «Der Föhn».

Der Föhn bricht plötzlich und unerwartet mit sehr trockener und warmer Luft in die Täler ein. Mitten im Winter können die Temperaturen innerhalb einer Stunde vom Gefrierpunkt auf 15 bis 20 °C ansteigen. Tagelang klappern Fenster und Türen. Es gelten spezielle Regeln, um Brände zu verhindern. Jeder kleine Funke kann einen Waldbrand auslösen. Die Menschen in den Alpentälern fürchten deshalb den Föhn. Mehrfach sind während der letzten Jahrhunderte Dörfer und Höfe in Föhnstürmen abgebrannt. Noch 1861 wurde Glarus, der Hauptort des Kantons Glarus, durch das Feuer in einem Föhnsturm in Schutt und Asche gelegt. Ins Mittelland bricht der Föhn ganz selten durch. Meist verhindert ein Kaltluftsee über dem Mittelland den Durchbruch des Föhns, der auf diese kalte Luftmasse aufgleitet und über den Jura und den Schwarzwald hinwegbläst. Die Städter erleben den Föhn als schönes Wetter mit guter Sicht in die Berge, die dann ganz nah erscheinen. Sie fühlen sich aber oft schlapp und bekommen Kopfweh.

Eine Föhnlage bildet sich, wenn sich ein Tiefdruckgebiet mit Kern über der Biskaya den Alpen nähert. Im Wetterbericht heisst es dann oft: «Im Vorfeld dieses Tiefs bildet sich eine Föhnlage aus.» Dieses Tiefdruckgebiet treibt die Luftmassen über das Mittelmeer, wo sie sehr viel Feuchtigkeit aufnehmen, und dann weiter gegen die südlichen Alpen, an denen sie gestaut werden. Im Tessin und im nördlichen Italien beginnt es heftig zu schütten. Die dann abgetrocknete Luft stürzt über die Alpenkette hinab in die nördlichen Täler, wobei sie sich stark erwärmt. Je grösser die Luftdruckdifferenz zwischen Lugano und Zürich, desto stärker bläst der Föhn. Die sich ausregnenden Wolken auf der Alpensüdseite türmen sich weit über die Gipfel des Alpenkamms hinaus, was von Norden her spektakulär aussieht und Föhnmauer genannt wird.

Eine Föhnlage kann einen Tag oder über eine Woche andauern. Sie lässt im Frühling den Schnee innerhalb von Stunden schmelzen und beeinflusst so das Klima nördlich der Alpen positiv. Bei Föhnzusammenbruch folgen meist starke Westwinde, und es beginnt heftig zu regnen. Diese Schlechtwetterphase entwickelt sich weiter in eine Nordstaulage, und der hier sehr vereinfacht beschriebene Wetterzyklus Nordstaulage → Bisenlage → Hochdrucklage → Westwindlage oder Föhnlage beginnt von Neuem.

Föhn-Anfälligkeit

Zu Kopfweh und Mattigkeit bei Föhn möchte ich am Schluss dieses Kapitels drei Erklärungen anbieten: Erstens: Wie beschrieben ist Föhn ein Vorbote des schlechten Wetters. Jede Person, die generell wetterfühlig ist, spürt das Nahen einer Schlechtwetterfront, was mit Föhn per se nichts zu tun hat. Ursache sollen die sogenannten Spherics sein, die von Blitzen in den hohen Wolken der Front stammen und z.b. in Kurzwellenradios das bekannten Knacken und Kratzen verursachen. Im Gehirn wetterfühliger Menschen können Spherics Störungen ähnlich dem Knacken im Radio bewirken, die zu Kopfschmerz und Mattigkeit führen. Zweitens: Im Mittelland gleitet der Föhn auf eine stehende kalte Luftmasse auf. Die Reibung der beiden Luftmassen an der Grenzfläche verursacht zeitliche Schwankungen des Luftdrucks, welche zu Kopfschmerz und Mattigkeit führen. Für diese Theorie spricht, dass viele Betroffene erleichtert reagieren, wenn der Föhnsturm selbst einbricht und die kalte Luftmasse ausräumt. Drittens: Der starke Temperaturanstieg mitten im Winter, verbunden mit dem Klappern der Fenster und Türen, lässt die Menschen schlecht schlafen. Auch hierauf reagieren viele mit Kopfweh und Mattigkeit. Vermutlich sind alle drei Erklärungen oder eine Kombination davon richtig. Wenn Sie mal wieder Kopfschmerzen haben, bilden Sie sich eine eigene Meinung. Ist der Föhn schuld oder doch das eine Glas Rotwein zu viel?

Es folgen einige Wetter- und Geologiebegriffe, die in der Schweiz
eine Rolle spielen:

Hochdeutsch	Schweizerdeutsch	Beispielsatz (Bemerkung)
Linsenwolken	Föhnfischli	(Cirrus lenticularis ist der korrekte Begriff.)
Föhnmauer	Föhnmuur	(von Norden sichtbare, hoch aufgetürmte Wolken über den Alpen bei Föhnlagen)
schwül	düppig, tüppig	Die Nacht isch extem düppig gsii.
stark blasen, fegen (bei Sturm)	winden, chuute	Dä Föhn chuutet hüt wie verruggt./ Es windet stark.
Klamm	Klus	(durch einen Fluss eingeschnittenes Quertal; Klus bei Landquart als Zugang zum Prättigau; Klus bei Balsthal im Jura)
Bergbach-Tal	Tobel	(stark eingeschnittenes Tal eines Bergbaches)
Felswand an Fluss	Fluh oder Flüh	(vom Fluss über die Jahrtausende herausgewaschene Felswand oder Felsgipfel, z.B. längs des Emmentals)
Molasse	Nagelfluh	(aufgeschichtetes Sedimentgestein, enthält viele Versteinerungen; bekanntes Beispiel ist die Rigi bei Küssnacht)
Wiese	Matte oder Matta	Die Matten an den Berghängen sind schwer zu mähen.
Erdrutsch	Murgang oder Mure	Beim schweren Unwetter hat es mehrere Murgänge gegeben.
Geröll-Lawine	Rüfe	Gegen Rüfen hilft nur eine Verbauung.
Schnee-Lawine	Laui	Wegen der Laui im Simplongebiet musste die Rega ausrücken.

15. Wirtschaftsleben und Verhandlungen

Verhandlungsstil und Smalltalk

In meinem Berufsleben durfte ich unzählige Verhandlungen miterleben, auch solche mit deutscher und schweizerischer Beteiligung. Die deutschen Verhandlungspartner wollen immer sofort zur Sache kommen, alle anderen Nationalitäten pflegen die Kultur des Smalltalks, die gerade bei einer schwierigen Verhandlung als Aufwärmphase entscheidend für den späteren Erfolg sein kann. Der Smalltalk-Klassiker in Deutschland bei Kundenbesuchen oder Vorstellungsgesprächen ist die Frage des deutschen Gastgebers: «Haben Sie gut hergefunden?» (Naja, immerhin ist man ja da.) Und dann: «Möchten Sie einen Kaffee?» Und schon geht es in medias res mit kreuzverhörartigen Fragen, gefolgt von Unterbrechungen, bevor die Antworten überhaupt angehört wurden. Aus schweizerischer Sicht wirkt das unhöflich und trägt sicher nicht zu einer entspannten Verhandlungsatmosphäre bei.

Die Deutschen beklagen sich oft, dass die Schweizer keine Streit- und Diskussionskultur hätten. Die Schweizer wiederum halten den Deutschen vor, dass sie überhaupt keine Kultur hätten. Zu den ungeschriebenen Gesetzen gehört es, bei einer Anreise der Geschäftspartner am Abend zuvor beim Bier oder beim Abendessen das eigentliche Verhandlungsthema mit keinem Wort zu erwähnen. Das bleibt für den nächsten Tag vorbehalten. Wer dann den Smalltalk nicht beherrscht, wird einen ganz mühsamen Abend erleben. So ging es meinem deutschen Kollegen, der sein amerikanisches Gegenüber fragte: «Do you have children?» «No, I don't.» «Why not?» Ja, eine etwas weniger direkte Frage hätte diese Peinlichkeit verhindert. Mein Ratschlag ist also, in einer Aufwärmphase über das Wetter, aktuelle Sportergebnisse und dergleichen zu sprechen. Das

Logo auf der Visitenkarte, ein spezielles Motiv oder ein Kunstwerk beim Empfang können weitere Themen für den Smalltalk sein, der für Schweizer wichtig ist. Der Smalltalk dient auch zum Einhören und Sprechen, wenn die Verhandlungen nicht in der Muttersprache stattfinden, was bei Schweizern nur selten der Fall ist.

Respekt vor technischen Leistungen

Folgende Geschichte spiegelt das Verhältnis von Deutschen und Schweizern trefflich wider: Es kommt ein Schweizer ins Restaurant und bestellt eine Suppe. Als die Suppe serviert wird, merkt er, dass Salz fehlt. Er nimmt den Salzstreuer und versucht die Suppe zu salzen. Leider ist der Streuer verstopft, sodass er die Suppe ohne Salz isst. Kommt ein zweiter ins Restaurant, setzt sich an den Nebentisch, bestellt die Suppe, kein Salz, bittet um den Salzstreuer, der ist verstopft. Auch der zweite Schweizer isst die Suppe ohne Salz. Kommt ein Deutscher ins Lokal, bestellt dieselbe Suppe, kein Salz, Salzstreuer verstopft. Da nimmt der Deutsche einen Zahnstocher, bohrt die Löcher auf und würzt seine Suppe. Sagt der eine Schweizer zum anderen: «Ich cha die Tüütsche scho nid verliide, aber eis müend mir ihne laa: Technisch sind sie eus huushöch überläge.» (Ich kann die Deutschen zwar nicht leiden, aber eins müssen wir ihnen lassen: Technisch sind sie uns haushoch überlegen.)

Hier kommt der Respekt der Schweizer vor den (technischen) Leistungen der Deutschen zum Ausdruck. Die Schweizer selber haben über die Jahrhunderte zuerst als Bauern und Hirten, dann als Händler und Hoteliers, später als Bankiers, also früh schon als Dienstleister, gewirkt und weniger als Produzenten von Gütern. Erst gegen Ende des 19. Jahrhunderts wurden Industriefirmen wie Brown & Boveri (BBC, heute ABB), Oerlikon, Sulzer, Saurer, Nestlé, Roche, Ciba-Geigy (heute Novartis) usw. gegründet, die heute Weltunternehmen sind und teilweise deutsche Gründer hatten (z.b. Boveri, Nestlé), die in die Schweiz ausgewandert waren. Vielleicht darf man sogar sagen, dass die Schweizer eine Art Komplex haben, der eine Verhandlung mit Deutschen auf Augenhöhe nicht unbedingt einfacher macht. Sprachlich fühlen sie sich meist Deutschen ebenfalls unterlegen – wegen deren vermeintlicher oder tatsächlicher Eloquenz.

Nimmt man die Banken UBS und Crédit Suisse sowie die Versicherungen Zürich Financial Services und Swiss Re zu den oben genannten Firmen hinzu, so werden nur die UBS und Swiss Re von Schweizern geführt. Alle anderen Firmen haben Amerikaner, Deutsche oder Österreicher als Vorstände (CEO) oder Verwaltungsratspräsidenten. Vermutlich besteht in keinem Land der Welt eine solche Offenheit Ausländern in Führungspositionen gegenüber wie in der Schweiz. Umgekehrt gilt wohl auch, dass es in einem kleinen Land wie der Schweiz mit so vielen Weltfirmen-Sitzen schlicht zu wenig Schweizer für alle Führungspositionen geben würde. Die Schweizer Uhren- und Luxusgüterfirmen strahlen zwar sehr ins Ausland aus und prägen das Image der Schweiz mit, können sich aber nicht mit den oben genannten Schweizer Konzernen der Pharma-, Chemie- und Ernährungsbranche sowie den Grossbanken messen.

Deutschland und Schweiz auf Augenhöhe

Heute muss sich die Schweiz nicht mehr vor Deutschland verstecken. Obwohl sie flächenmässig knapp neunmal kleiner ist und zehnmal weniger Einwohner hat als ihr nördlicher Nachbar, ist die Schweiz wirtschaftlich ein Schwergewicht.

Die nachfolgende Tabelle zeigt einige Vergleichszahlen aus den Jahren 2011 und 2012:

Begriff	Deutschland	Schweiz
Bruttoinlandsprodukt 2012	3 479 Milliarden USD	621 Milliarden USD
Pro-Kopf-Einkommen 2012	42 625 USD	78 754 USD
Int.-Währungsfonds-Rang 2012	20	4

Innovationskraft-Rang 2011	15	1
Arbeitslosenquote Januar 2012	5.9 %	3,8 %
Jugendarbeitslosigkeit 15–24 Jähriger (Juni 2012)	7,9 %	3,5 %
Anteil 20–64 Jährige Erwerbstätige an der Gesamtbevölkerung	76 %	82 %
Staatsquote 2012	44,9 %	34,7 %
Anzahl Firmen in Top 50 (2012)	0	3
Anzahl Firmen in Top 500 (2012)	20 (16)*	13 (12)*
Börsenkapitalisierung der Top-10-Unternehmen des DAX/SMI	732 Mrd. USD	837 Mrd. USD
Grundkapital einer AG	50 000 EUR	100 000 CHF
Stammkapital einer GmbH	25 000 EUR	20 000 CHF
Wochenarbeitszeit	38 Stunden	42 Stunden
Urlaubs-/Ferienanspruch pro Jahr	30 Tage	20 Tage
Jahresarbeitszeit bei 11 Feiertagen	1659 Stunden	1924 Stunden
Anzahl Streiktage pro Jahr pro 1000 Beschäftigte (2008)	4	3
Tag der erfüllten Steuerpflicht (2008)	1. August	14. April

*) ohne ehemalige Staatsfirmen wie E.ON, Post, Telekom, Swisscom usw.

Wer also – wie die meisten Deutschen – glaubt, dass die Schweiz von ihren Bergen und Seen, also vom Tourismus, und dem Verkauf von Schokolade und Käse sowie Uhren und Schweizer Offiziersmessern lebt, muss seine Meinung korrigieren. Das Pro-Kopf-Einkommen der Schweizer ist markant höher als das der Deutschen. Allerdings arbeiten die Schweizer dafür auch 265 Stunden mehr pro Jahr.

AG, GmbH und GmbH & Co. KG

Die gebräuchlichste Firmen-Rechtsform in der Schweiz ist die Aktiengesellschaft (AG). Kleinere Firmen und Start-ups sind auch als GmbH, Gesellschaft mit beschränkter Haftung, organisiert, wenn sie nicht sowieso eine Einfache Gesellschaft sind, bei der die Eigentümer voll haften. Die in Deutschland sehr beliebte GmbH & Co. KG, also die Kommanditgesellschaft, bei der der eigentlich persönlich haftende Komplementär durch eine GmbH ersetzt wird, gibt es in der Schweiz nicht. Ihr Image ist in der Schweiz sehr schlecht, wie man an der Reaktion von potenziellen Investoren oder bei der Lieferantensuche in Deutschland immer wieder feststellen kann.

Das höchste operative Organ einer AG ist der Verwaltungsrat nach angelsächsischem Vorbild. Der Geschäftsführer kann, muss aber nicht Mitglied des Verwaltungsrats sein. In dem Fall wird er oft als Delegierter des Verwaltungsrats im Handelsregister eingetragen. In Deutschland sind Aufsichtsrat und Geschäftsleitung (Vorstand) strikt getrennt. Dafür ist der Aufsichtsrat ab einer gewissen Firmengrösse paritätisch mit Arbeitgeber- und Arbeitnehmervertretern, den Betriebsräten, besetzt, die von den Mitarbeitern für vier Jahre gewählt werden und vollamtlich wirken. Vollamtliche Betriebsräte sind per se und in ihrer Wirkung ein Kostenfaktor, der die Konkurrenzfähigkeit einer Firma verschlechtert.

Betriebsrat und Streikrisiko

Deutsche Politiker und Gewerkschafter heben immer wieder die positive Wirkung der Betriebsräte hervor, besonders wenn es um die Kommunikation betriebsbedingter Kündigungen oder einer generellen Verschlechterung der Arbeitnehmersituation geht (Verlängerung der Wochenarbeitszeit, geringe oder keine Lohnerhöhungen). Auch soll durch die paritätische Mitbestimmung in den Aufsichtsräten die Streikgefahr kleiner sein. Das mag vielleicht im Vergleich zu Frankreich oder Italien richtig sein. In der Schweiz gibt es keine Betriebsräte und keine Mitbestimmung, und dennoch wird weniger gestreikt (3 Streiktage pro Jahr pro 1000 Beschäftigte) als in Deutschland (4 Streiktage pro Jahr pro 1000 Beschäftigte). In Deutschland fallen dabei weniger die streikenden Arbeiter in den Industriebetrieben auf, sondern die Angestellten des öffentlichen Dienstes, die wochenlang den Nahverkehr, die Müllabfuhr, die Flughäfen usw. bestreiken und damit lahmlegen.

Auf der anderen Seite ist mein Eindruck, dass in der Schweiz die Beziehung zwischen Arbeitgeber- und Arbeitnehmerseite wesentlich weniger polarisiert ist. Der Umgang in Verhandlungen zwischen Gewerkschaften und Arbeitgeberverbänden wird nicht wie oft in Deutschland als Hahnenkampf via Medien zelebriert, sondern sachorientiert geführt. Am Schluss steht ein Gesamtarbeitsvertrag (GAV) mit beschränkter Laufzeit z.b. für die Uhrenindustrie, Bauindustrie, Druckindustrie usw., der deutschen Flächentarifverträgen entspricht.

Treu und Glauben
Der partnerschaftliche Umgang zwischen Arbeitgebern und Gewerkschaften und überhaupt zwischen Verhandlungspartnern fusst auf einem Prinzip in der Schweiz, das in Deutschland weitgehend verloren gegangen ist: Treu und Glauben. Man könnte dazu auch sagen: «Ein Mann, ein Wort» oder den berühmten Handschlag zitieren, der einen Vertragsabschluss gültig macht. Dazu gehört aber auch, dass zwar beide Seiten versuchen, ihre Forderungen durchzusetzen, aber dem Gegenüber nicht das Äusserste zumuten. Am Ende muss in der Schweiz die berühmte Win-Win-Situation beide Seiten glücklich machen. Deutsche hingegen bleiben misstrauisch bis zum Schluss und versuchen oft nach der mündlichen Einigung noch weitere Forderungen ins Vertragswerk zu schmuggeln, weil sie erwarten, dass die andere Seite das auch tut. Selbst wenn dann das schriftliche Vertragswerk bereinigt ist, wird – um bei den deutschen Tarifverhandlungen zu bleiben – das Verhandlungsergebnis im Fernsehen von beiden Seiten eigens interpretiert und durchaus konträr dargestellt.

Auch im Kleinen, also beim Erstellen von Sitzungsprotokollen, Ausfertigen von Arbeitsverträgen, Mietverträgen usw. gilt in der Schweiz das Prinzip von Treu und Glauben, während in Deutschland das Misstrauen regiert. Als Folge sind Verträge in Deutschland mindestens doppelt so lang wie in der Schweiz, und meist sitzen bereits in den Verhandlungen Rechtsanwälte mit am Tisch oder sind in Hinterzimmern bereit einzugreifen.

Selbst im Versandhandel gilt in der Schweiz das Prinzip Treu und Glauben. Auf meine Bestellung hin erhalte ich die Ware (Kleider, Wein, Bücher usw.) oft direkt mit der Post zugeschickt und dazu eine Rechnung mit einer Zahlungsfrist von 30 Tagen. Das ist ein Unikum, denn in allen anderen Ländern muss ich zuerst bezahlen (per Kreditkarte, per Voraus-Überweisung) oder dann per Nachnahme, verbunden mit Zusatzkosten, bevor ich die Ware erhalte. Auch bei den Online-Auktionshäusern eBay (Deutschland) und Ricardo (Schweiz) ist der Unterschied frappant. Ebay musste das Bewertungsschema modifizieren, um die vielen Rache-Bewertungen zu verhindern. Bei Ricardo ist das gar kein Thema.

Misstrauen in Deutschland

Das Prinzip Treu und Glauben herrscht in der Schweiz auch im Umgang der Behörden und der Bürger untereinander. Das Verhältnis ist partnerschaftlich und nicht durch Obrigkeitsdenken auf der einen und Obrigkeitsgläubigkeit auf der anderen Seite geprägt. In Deutschland misstrauen die Behörden den Bürgern, besonders den Leistungsträgern und guten Steuerzahlern, die wiederum dem Staat misstrauen und ihm möglichst viel vorenthalten wollen. Einige greifen dazu dann zu illegalen Mitteln, was den Vertretern des Staates wiederum in die Hände spielt und noch schärfere Gesetze und noch mehr bürokratische Konsequenzen zur Folge hat. Die deutschen Behörden zeigten mit dem Stehlen von Daten-CDs mit Bank- und Personendaten und deren Erwerb durch Hehlerei keine Skrupel und liessen jede Vorbildfunktion für ihre eigenen Bürger vermissen. Wenn dann Staatsbetriebe oder staatsnahe Unternehmen im grossen Stil systematisch alle Mitarbeitenden abhören, ohne dass ein Anfangsverdacht vorlag oder ein Richter dieses Tun abgesegnet hat, oder jedermanns Bankkonten von den Finanzämtern ohne Antrag und ohne Begründung eingesehen werden dürfen, kann man aus schweizerischer Sicht das Verhältnis von Staat und Bürgern in Deutschland nur als zerrüttet bezeichnen. Dass viele Deutsche selbst das auch so empfinden, zeigt die zunehmende Abwanderung: 2010 verliessen etwa 141 000 Deutsche ihr Land, davon 27 400 Richtung Schweiz. Die meisten sind gut ausgebildete Fachkräfte oder Akademiker, die auch zu Hause gebraucht würden.

Firmen als Geldeintreiber für den Staat

Die meisten Deutschen glauben, dass der Staat neue Arbeitsplätze schafft. Und die Politiker lassen sie in dem Glauben, obwohl sie selbst – im Unterschied zu den meisten schweizerischen Politikern – nie auf eigenen Beinen in der Wirtschaft stehen mussten, sondern sich ihr Leben lang von Steuergeldern entlöhnen liessen. Dass Steuergelder von den Unternehmen stammen und dort erst im harten internationalen Wettbewerb erwirtschaftet werden mussten, ist vielen gar nicht klar. Tatsächlich müssen deutsche Unternehmen von der Kleinstfirma bis zum Grosskonzern als Geldeintreiber für den Staat fungieren: Die Lohnsteuer wird monatlich von den Firmen an das Finanzamt abgeführt. In der Schweiz hat die Firma in der Regel damit nichts zu tun. Jede Schweizerin, jeder Schweizer muss selbst eine Steuererklärung ausfüllen und erhält eine Rechnung vom Steueramt, die er oder sie als Ganzes oder in Raten selbst bezahlt. Dann müssen deutsche Firmen die Krankenkassenbeiträge ihrer Mitarbeiter abführen; wird der Monatsendtermin verpasst, droht eine Busse. Auch das ist in der Schweiz Privatsache. Riester-Rente, Abgaben im Rahmen des Vermögensbildungsgesetzes usw.: Überall müssen die Firmen für den Staat unentgeltlich Dienstleistungen erbringen und dafür eigens Personal vorhalten. In der Schweiz ist das nicht so, und es wäre auch undenkbar.

Betriebsprüfungen

Mit grossen Kosten und Aufwand verbunden sind in Deutschland die Betriebsprüfungen des Finanzamtes. Nachdem die Jahresrechnung nach einer Vorprüfung und einer Hauptprüfung durch die gewählte Revisionsstelle abgeschlossen und testiert wurde, kommen die Vertreter des Finanzamtes für mehrere Wochen in die Firma. Sie haben das Anrecht auf ein eigenes Büro und alle Zugangsrechte zum Computersystem. Sie prüfen und prüfen und lassen sich immer neue Dokumente bringen. Mehrere Mitarbeiter in der Firma sind somit gleichzeitig absorbiert. In grösseren Firmen belegen die prüfenden Finanzbeamten das ganze Jahr über ein Büro und stellen die Firmen damit unter Generalverdacht. Meist gibt es Diskussionen wegen der Anwendung der Abschreibungsregeln. Am Schluss entscheiden die Finanzbeamten, eine Widerspruchsmöglichkeit gibt es faktisch nicht.

In der Schweiz finden Steuerprüfungen nur stichprobenmässig statt. In der Regel dauern sie nicht länger als zwei Wochen, und oft erhalten die Firmenverantwortlichen hilfreiche Hinweise, was sie beim nächsten Mal besser machen oder wie sie Steuern sparen können. Bei komplexen Sachverhalten wie Firmenverkäufen, Nachfolgeregelungen usw. ist es sinnvoll, vorher mit dem Kantonalen Steueramt zu sprechen und ein Tax-Ruling zu erwirken, das dann für beide Seiten verbindlich ist.

Handelspartnerschaft, Innovationskraft und Unternehmertum

Deutschland ist der grösste homogene Markt in Europa und schon deshalb attraktiv für international tätige Firmen. Historisch bedingt und durch die sprachliche Nähe ist Deutschland immer der grösste Handelspartner der Schweiz gewesen. Umgekehrt liegt die Schweiz in Deutschland bei Direktinvestitionen auf Platz 1. Diese gegenseitige Verflechtung und Abhängigkeit ist ein kostbares Gut, das nicht unbedacht beschädigt werden sollte. Wenn seriöse deutsche Firmen im Handel mit der Schweiz speziell überwacht werden sollen, nur um möglichen Verstössen gegen deutsche Steuergesetze vorzubeugen, dann wird das letztlich Deutschland mehr schaden.

Die Schweizer sind nicht nur fleissiger und streiken weniger, sie sind nach einer Studie der Boston Consulting Group (BCG) das innovativste Land Europas und weltweit vor Schweden, Singapur und Finnland die Nummer 1. Deutschland liegt auf Platz 15. Hierbei spielen unter anderem die Zahl der Patente, die Anzahl der Firmengründungen, die Infrastruktur inklusive Bildungseinrichtungen, der Staatseinfluss eine Rolle. Für die Zukunft am wichtigsten ist hingegen die Tatsache, dass in der Schweiz das Unternehmertum geachtet und genau zwischen Unternehmern und Boni einstreichenden Managern unterschieden wird. In Deutschland wird zwar in den Stellenanzeigen immer der unternehmerisch denkende Mitarbeiter gesucht, aber tatsächlich ist das Unternehmer-Image sehr schlecht, und die meisten jungen Leute suchen eine «sichere» Stelle beim Staat oder in der öffentlichen Verwaltung.

Rückwärtsgewandtheit
Bereits im Kultur-Kapitel 12 habe ich auf die Rückwärtsgewandtheit Deutschlands hingewiesen. Auch deutsche Unternehmen zeichnen sich oft nicht durch Fortschrittlichkeit aus. Den Umgang mit Computern beherrschen zu wenige Mitarbeitende wirklich gut. In der Buchhaltung wird noch mit Jahreserwartungen und -erfolg statt mit Umsatz, EBIT und EBITDA gewirtschaftet, wobei zwischen Finanz- und Betriebsbuchhaltung so grosse Unterschiede bestehen, dass das Führen mit Kennzahlen schwierig wird. Geradezu hinterwäldlerisch ist manchmal auch das Verhältnis der Top-Manager zu modernen Kommunikationsmitteln: E-Mails werden ausgedruckt, die Antwort diktiert und von der Sekretärin zurückgefaxt; trotz einer hochmodernen Telefonanlage auf dem Schreibtisch gehört es zum guten Stil, dass die Sekretärin des Anrufers mit der Sekretärin des Angerufenen telefoniert, um dann weiterzuverbinden. Dieses

zeitraubende Getue wird auch in Behörden und Universitäten gepflegt. Ein gutmeinender Professoren-Kollege meinte einmal zu mir: «Wenn Sie selbst anrufen, haben Sie schon verloren.» Da konnte ich nur antworten: «Wenn alle so viel Zeit mit Telefonieren vertrödeln, hat die deutsche Wissenschaft verloren.» In der Schweiz hingegen ist ein Chef-Gehabe, welches auch als technophob gedeutet werden könnte, verpönt.

Referenzen, Probezeit, Kündigungsschutz und Mindestlohn

Einer Bewerbung in der Schweiz sind die üblichen Zeugnisse (Schule, Universität, Arbeitszeugnisse) beizulegen. Werden Sie nach einem oder mehreren Bewerbungsgesprächen als potenzieller Kandidat oder Kandidatin gesehen, so hängt der weitere Fortschritt für eine Zusage von möglichen Referenzen ab, die ehemalige Arbeitgeber oder anerkannte Persönlichkeiten für Sie abgeben müssen. Meist erfolgt die Anfrage telefonisch. Wichtig ist, dass Sie die positive Meinung Ihrer Referenzen vorher überprüft und die genannten Personen über eine mögliche Anfrage informiert haben.

Die Probezeit beträgt in der Schweiz maximal drei und nicht sechs Monate wie in Deutschland. Innerhalb der Probezeit kann beidseitig innerhalb von sieben Tagen gekündigt werden. Nach Ablauf der Probezeit gilt je nach Branche eine Kündigungsfrist von einem bis drei Monaten für normale Mitarbeitende und drei bis sechs Monaten für Kaderleute jeweils auf Monatsende. Einen strengen Kündigungsschutz wie in Deutschland gibt es in der Schweiz nicht. Eine Kündigung unter Einhaltung der Kündigungsfrist, was auch eine Freistellung bei Weiterbezahlung bedeuten kann, ist jederzeit auch ohne Begründung möglich. Werden neun oder mehr Mitarbeiter gleichzeitig entlassen, müssen die kantonalen Ämter informiert werden, und es muss ein Sozialplan in Kraft treten. Einen gesetzlichen Mindestlohn gibt es in der Schweiz nicht.

Preisüberwacher

Die Schweiz kennt die offizielle Funktion des Preisüberwachers. Er hat zwar keine direkte gesetzliche Handhabe gegen Preiserhöhungen und vermutete Preisabsprachen. Aber keine Firma, insbesondere auch keine staatsnahe Firma, Behörde oder Rundfunk und Fernsehen wagen es, die Proteste des Preisüberwachers zu ignorieren, wenn der zum Schluss kommt, dass angekündigte Preiserhöhungen nicht richtig begründet oder generell nicht gerechtfertigt sind.

Öffnungszeiten

Lange bevor in Deutschland mit dem Ladenschlussgesetz die Öffnungszeiten liberalisiert wurden, hatte die Schweiz bereits kundenfreundlichere Öffnungszeiten. Normale Geschäfte haben bis 18.30 Uhr geöffnet, Einkaufszentren bis 20 oder 21 Uhr. Samstags ist bis 16 bzw. 17 (manchmal auch 18) Uhr geöffnet. Montags oder am Montagmorgen sind viele kleinere Geschäfte geschlossen, um den geöffneten Samstag zu kompensieren. Gewöhnungsbedürftig sind die Mittagspausen von 12 bis 14 Uhr in normalen Geschäften. Auch die Tatsache, dass Werktage vor Feiertagen wie Samstage gelten, überrascht immer wieder. Beispiel: Am Mittwoch vor Himmelfahrt können dann Migros, Coop und der Bäcker bereits um 16 Uhr schliessen.

WIR-Geld

Ein Unikum in der Schweiz stellt die Existenz einer zweiten Währung neben dem Schweizer Franken dar. Sie heisst WIR Geld, und es gilt 1 WIR = 1 Franken. Der Name ist historisch und geht auf die Gründung des Wirtschaftsrings im Jahr 1934 zurück, einer Genossenschaft zur Selbsthilfe in der damaligen Wirtschaftskrise. WIR-Guthaben werden nicht verzinst und darum möglichst schnell wieder ausgegeben, was Handel und Gewerbe antreiben soll. Die Rolle der Nationalbank spielt hier die WIR-Bank in Basel.

Es folgen Begriffe aus der Wirtschaft, dem Vertrags- und Rechts-
wesen:

Hochdeutsch	Schriftdeutsch	Beispielsatz (Bemerkung)
Finanzamt	Steueramt, Steuerverwaltung	Es gibt das Gemeinde- und kantonale Steueramt.
Gewinn- und Verlustrechnung (GuV)	Erfolgsrechnung	Die Firma präsentiert die Erfolgsrechnung 2008 und …
Jahresbericht / Jahresabschlussbericht	Geschäftsbericht	… den Geschäftsbericht 2008 am 15. April 2009.
Spanne	Marge	D Marge isch z chlii.
Hausaufgabe, zu erledigen	Pendenz	Auf meinem Schreibtisch türmt sich ein riesiger Pendenzenberg.
Chef, Boss	Patron	(aus dem Französischen)
Arbeiter/arbeiten	Bü-ezer/bü-ezen	(das Personal im Blaumann)
rasch	speditiv	Die Pendenzen speditiv erledigen!
Aufsichtsrat (AR); Vorsitzender des AR	Verwaltungsrat (VR); Präsident des VR	Beide Organe sind nicht identisch. In Deutschland sind AR und Vorstands-funktion streng getrennt, in der Schweiz kann ein VR operativ tätig sein.
Hauptversammlung (HV)	Generalversammlung (GV)	Die GV muss mit einer Frist von 20 Tagen einberufen werden.
Tagesordnung	Agenda, Traktandenliste	Ist die Agenda schon bekannt?
Tagesordnungspunkt (TOP)	Traktandum	Das müssen wir für die nächste Sitzung traktandieren.
freiwillig, wahlfrei	fakultativ	Vor der Sitzung findet fakultativ ein Mittagessen statt.

Wortmeldung, Erklärung, Antrag	Votum	Die Aktionäre sprachen sich in mehreren Voten dafür aus.
Antragsteller, Redner	Votant	Der Votant gab sein Votum ab.
Entlastung (z.b. des VR durch die HV)	Décharge	Die GV erteilt dem Verwaltungsrat Décharge.
kommissarisch	ad interim, interimistisch	Ad interim übernimmt der Geschäftsführer auch Funktionen des Finanzchefs.
Akte, Vorgang	Dossier	Bitte im Personaldossier ablegen
Leitz-, Aktenordner	Bundesordner	Dieses Dossier umfasst drei Bundesordner.
Geschäftsgebiet, Einzugsbereich, Bezirk	Rayon	Die Filiale liegt im Rayon Glarnerland-Obersee. (aus dem Französischen)
Mittelständler, mittelständige Unternehmen	KMU; Abkürzung für Kleine und Mittlere Unternehmen	Der Bundesrat ergreift die Initiative zur Unterstützung der KMU.
Jura-Studium	Jus-Studium	Er studiert Jus im sechsten Semester.
Rechtsanwalt	Fürsprecher	(speziell in der Bd-Sprachregion II)
Staatsanwalt	Untersuchungs-richter	Der Untersuchungsrichter kann ein Verfahren zur Anklage bringen, einstellen oder eine Busse verfügen.
Anzeige/anzeigen	Verzeigung/verzeigen	Er ist wegen Diebstahl verzeigt worden.
Schlichter, Vermittler	Ombudsmann	Bevor es bei zivilrechtlichen Streitigkeiten zum Gerichtsfall kommt, muss der Ombudsmann probieren, eine Einigung oder einen Vergleich herbeizuführen.

auf Bewährung	bedingt	Der Angeklagte erhält zwei Jahre Gefängnis bedingt.
Widerspruch, Reklamation	Einsprache, Rekurs	(Typischer Protokolleintrag: «Die Einsprachen werden als gegenstandslos abgeschrieben.»)
Schriftliche Eingabe mit Widerspruchsrecht	Rechtsvorschlag (z.B. bei einer unberechtigten Betreibung)	Gegen diese Verfügung können Sie Rechtsvorschlag einlegen.
laufendes Verfahren	hängiges Verfahren	Es sind noch zwei Verfahren hängig.
Anleihe, Rente, Bond	Obligation	Die Firma emittiert eine Obligation.
leitende Angestellte/ Management	Kader	Neu gehört Herr Schmidt zum Kader der Firma.

16. Steuern und Altersversorgung

Schweizerische Lohnabrechnung

Wer in der Schweiz nach dem monatlichen Verdienst fragt, erhält als Antwort die Zahl in der obersten Zeile der monatlichen Lohnabrechnung, also im folgenden echten Beispiel die Angabe «5000 Franken».

Lohnabrechnung per 30.06.12

Bruttolohn	**CHF**	**5000.00**
• AHV/IV/EO-Beitrag 5,15%	CHF	257.50
• ALV-Beitrag 1,10%	CHF	55.00
• UVG-NBU Beitrag 2,18%	CHF	109.00
• Krankentaggeld 0,95%	CHF	47.50
• BVG/Pensionskasse	CHF	209.00
Nettolohn	CHF	4322.00
Auszahlung:	**CHF**	**4322.00**

Der AHV-Abzug ist für die Alters- und Hinterlassenenversicherung, welche der deutschen Rente entspricht, die Invalidenversicherung IV und die Erwerbsersatzordnung EO (Militär- und Zivildienstausfälle, Mutterschaftsurlaub). Der Arbeitgeber muss noch einmal den gleichen Beitrag in die AHV einzahlen.

Der ALV-Abzug ist die Arbeitslosenversicherung. Auch hier muss der schweizerische Arbeitgeber noch einmal den gleichen Beitrag einzahlen.

Der UVG-NBU-Abzug ist für das Unfallsversicherungsgesetz (Betriebsunfälle und Arbeitskrankheiten) und Nichtbetriebsunfälle (Freizeit und Reisen). Achtung: Selbstständige und Personen, die weniger als acht Wochenstunden arbeiten, sind nicht automatisch unfallversichert, sondern müssen auf eigenen Antrag hin bei der Krankenversicherung unfallversichert werden.

Mit der Krankentaggeldversicherung wird die Lohnfortzahlung im Krankheitsfall gewährleistet, denn in der Schweiz besteht keine gesetzliche Pflicht zur Lohnfortzahlung wie in Deutschland (dort für mindestens 6 Wochen).

Die obligatorischen Abzüge für die BVG-Pensionskasse werden vom Arbeitgeber verdoppelt und dienen der individuellen beruflichen Altersvorsorge. Das Geld bleibt dem Arbeitnehmer auch bei einem Stellenwechsel erhalten. Mit dem Erreichen des Rentenalters kann es als verzinstes Kapital oder als lebenslange Rentenleistung bezogen werden. Bereits während des Arbeitslebens kann das eingezahlte Kapital für selbstbewohntes Wohneigentum ganz oder teilweise bezogen bzw. verpfändet werden.

Deutsche Gehaltsabrechnung

Wer hingegen in Deutschland nach dem monatlichen Verdienst fragt, erhält in der Regel als Antwort die Zahl in der untersten Zeile der Gehaltsabrechnung genannt, also im folgenden echten Beispiel die Angabe «2470 Euro» für eine unverheiratete Person ohne Kinder.

Gehaltsabrechnung für Juni 2012 (Währung EUR)

Gehalt		**4763.00**
Vermögensbildender AG-Anteil		26.60
Altersvorsorge	-100,00	
Bruttoentgelte		
Gesamtbrutto		4789.60
Steuerbrutto	4689.60	
Gesetzliche Abzüge		
Lohnsteuer		1094.08
Solidaritätszuschlag		60.17
Kirchensteuer		87.52
Krankenversicherung		392.75
Rentenversicherung		459.58
Arbeitslosenversicherung		70.34
Pflegeversicherung		58.35
Gesetzliches Netto		**2566.81**
Sonstige Bezüge/Abzüge		
Altersvorsorge		100.00
Überweisung in EUR		**2466.81**

Mit anderen Worten: Über 48 Prozent seines/ihres Verdienstes weiss der deutsche Arbeitnehmer, die deutsche Arbeitnehmerin gar nicht Bescheid. Eigentlich ist es noch schlimmer, denn die Abzüge werden gar nicht als Einkommen wahrgenommen. Ganz abgesehen davon, dass auch in Deutschland bei der Rentenversicherung und der Pflegeversicherung jeweils nochmal der gleiche Beitrag und bei der Krankenversicherung fast der gleiche Beitrag vom Arbeitgeber zu leisten ist.

Die Schweizer erhalten hingegen den Grossteil ihres Bruttolohns auf ihr eigenes Konto. Anfangs jedes neuen Jahres reichen sie dann eine Steuererklärung für das abgelaufene Jahr ein, die zu einer Steuerrechnung im Sommer führt, die als Ganzes oder in Raten zu bezahlen ist. Als Konsequenz sind die Schweizer motiviert, sich viel mehr um die Ausgaben des Staates, der Kantone und der Gemeinden und deren Steuerhunger zu kümmern. Mittels Volksabstimmungen und Referenden werden immer wieder zu teure, unsinnige oder einfach auch reine Prestige-Vorhaben «gebodigt», also abgelehnt.

Rentenversicherung und AHV

Wie die deutsche Rentenversicherung ist die schweizerische AHV eine umlagefinanzierte Pflichtversicherung. Die Einwohner der Schweiz müssen auf alle Einkommen (selbstständige oder unselbstständige Arbeit, Honorare, Tantiemen usw.) AHV-Beiträge an die kantonale Ausgleichskasse abführen, nicht hingegen auf Mieteinnahmen, Kapitalgewinne, Dividenden und Zinsen. Die Abrechnung erfolgt aufgrund der Steuerabrechnungen zum Teil noch nach Jahren rückwirkend. Eine Obergrenze wie in Deutschland mit der Beitragsbemessungsgrenze gibt es in der Schweiz nicht. Das Rentenalter in der Schweiz liegt im Moment bei 65 (64) Jahren für Männer (Frauen), während in Deutschland ein über Jahre zu vollziehender Anstieg des Rentenalters auf 67 Jahre für beide Geschlechter beschlossen wurde.

Pensionskasse

Bereits Mitte der Achtzigerjahre des letzten Jahrhunderts hat die Schweiz eine für Angestellte obligatorische kapitalfinanzierte Altersvorsorge-Versicherung geschaffen, in die der Arbeitgeber und jede Arbeitnehmerin, jeder Arbeitnehmer individuell je 50 Prozent einzahlt. Die Beiträge richten sich nach dem versicherten Lohn und dem Alter. Die eigenen Beiträge werden in der Steuererklärung vom zu versteuernden Einkommen abgezogen, wenn das nicht schon auf dem Lohnausweis der Firma geschehen ist. Deutschland hat erst gegen Ende des letzten Jahrhunderts mit der Riester-Rente und anderen komplexen Modellen nachgezogen.

Generell beruht die Altersvorsorge in der Schweiz auf dem Drei-Säulen-Prinzip. Die 1. Säule ist die AHV, mit der im Alter ein Mindesteinkommen gewährleistet sein soll. Mit der 2. Säule ist die Pensionskasse gemeint, die zusammen mit der AHV nach der Pensionierung 80 Prozent des in den letzten drei Jahren zuvor verdienten Jahreseinkommens sicherstellen soll. Die 3. Säule sind freiwillige Zahlungen auf sogenannte 3.-Säule-Konten, die bis zu einer festgelegten Obergrenze (zurzeit etwa 6600 Franken pro Jahr) vom zu versteuernden Einkommen abgezogen werden dürfen und ab dem 62. Lebensjahr steuerbegünstigt in bar bezogen werden können.

Beamte sind in Deutschland seit jeher von Zahlungen in die Rentenversicherung oder die berufliche Vorsorge befreit. Sie zahlen auch nur freiwillig eine Krankenversicherung über die Leistungen von 70 Prozent hinaus, die sie im Krankheitsfall vom Staat erstattet erhalten. Das gilt nicht für Beamte in der Schweiz, die wie normale Arbeitnehmer behandelt werden.

Aufenthaltsbewilligung, Quellen- und Verrechnungssteuer

Wer neu in die Schweiz kommt und hier arbeitet, wird steuerlich nicht vom Start weg gleich behandelt wie die Schweizer. Er/sie erhält auf Antrag seiner/ihrer Firma die Aufenthaltsbewilligung B, die zunächst nach einem Jahr und dann nach zwei Jahren verlängert werden muss. Nach fünf Jahren gibt es dann die Niederlassungsbewilligung C mit freier Berufs- und Wohnortwahl und der steuerlichen Gleichbehandlung mit den Schweizern. In den ersten fünf Jahren wird wie in Deutschland auch die Lohnsteuer als sogenannte Quellensteuer direkt vom Bruttolohn abgezogen und auf der monatlichen Salärabrechung ausgewiesen. Viele verzichten darum auch am Ende des Jahres auf eine Steuererklärung, obwohl es sich finanziell lohnen würde, aber natürlich mit etwas Aufwand verbunden wäre.

Insbesondere lohnt es sich immer, die 35 Prozent Verrechnungssteuer zurückzufordern, welche die Banken bei Schweizern wie bei Ausländern von Sparzinsen und Dividenden abführen. Der Schweizer Gesetzgeber will damit erreichen, dass in der Steuererklärung alle Vermögenswerte angegeben werden und die Zins- und Dividendeneinnahmen dann zusammen mit dem Einkommen durch selbstständige oder unselbstständige Arbeit versteuert werden.

Kapitalgewinnsteuer gibt es nicht

Nicht versteuert werden in der Schweiz Kapitalgewinne unabhängig davon, wie lange die Aktien oder Anteile gehalten wurden, so lange man nicht als erwerbsmässig tätiger Börsenhändler eingestuft wird. Kriterien für eine solche Einstufung sind die Anzahl der Transaktionen, die Fremdfinanzierung durch Lombardkredite und der Handel mit komplexen Produkten, die nur Profis verstehen können.

Abgeltungssteuer in Deutschland

In Deutschland wird ab 2009 auf allen Zinsen, Dividenden und Börsen- und Kapitalgewinnen, welche in der Summe den Betrag von 801 Euro für Singles und 1602 Euro für Ehepaare überschreiten, eine 25-prozentige Abgeltungssteuer direkt an der Quelle, also bei den Banken, abgeführt. Eine Beteiligung der Bürger an Unternehmen, also eine Investition über Aktienkäufe wird damit unattraktiv.

Ausserdem schrumpft mit der Abgeltungssteuer jedes Vermögen, wenn die Inflation nur ein wenig ansteigt, was wiederum der Sparquote generell entgegenwirkt.

Steuergelder, Steuerhunger und Infrastruktur
Die Infrastruktur, die vom Staat mit Steuergeldern erstellt und erhalten werden muss, ist in der Schweiz einmalig gut. Auch in Deutschland ist sie immer noch gut, aber besonders im Bildungsbereich und beim öffentlichen Verkehr gibt es arge Defizite. Weil es mich persönlich betrifft, frage ich, warum die Bahnstrecken München–Lindau und Nürnberg–Hof im reichen Bayern immer noch einspurig sind und mit stinkenden Diesellokomotiven betrieben werden, weil die Strecken nicht elektrifiziert sind. Die gute Infrastruktur der Schweiz ist möglich, obwohl hier die Steuerbelastung der Firmen und Privatpersonen markant kleiner ist als in Deutschland.

Der Steuerhunger Deutschlands geht einher mit einer jährlich zunehmenden Schuldenlast der öffentlichen Hand. Keine politische Partei, kein aufrechter Politiker scheint in der Lage zu sein, diesen Teufelskreis zu durchbrechen. Statt dessen wird über den schändlichen Steuerwettbewerb gejammert, den Länder wie die Schweiz, Irland oder die neuen EU-Mitglieder im Osten führen. Gäbe es jedoch diese Länder mit ihrer Steuerpolitik nicht, würden Deutschland, Frankreich und die anderen Defizitsünder in der EU hemmungslos ihre Steuern weiter erhöhen können, ohne die Abwanderung von Firmen und Personen und damit ausbleibende Investitionen fürchten zu müssen. Dass Schwarzarbeit und Steuerhinterziehung ebenfalls stark ansteigen würden, kontern diese Länder lieber durch staatlich sanktioniertes Abhören und das Ausspionieren von Daten

Steuerwettbewerb, Steuererklärung und Steuerberater
In der Schweiz ist der Steuerwettbewerb überall akzeptiert. Während in Deutschland von der Nordsee bis zum Bodensee alle gleich

viel Steuern auf ihr Einkommen zahlen müssen, ist das in der Schweiz von Kanton zu Kanton und von Gemeinde zu Gemeinde verschieden und wird zudem noch jährlich angepasst. Um reiche Steuerzahler und potente Unternehmen, die Arbeitsplätze schaffen, anzulocken, unterbieten sich die Kantone und Gemeinden gegenseitig mit ihren Steuersätzen. Dennoch geht die Steuerbelastung nicht gegen Null, weil das letzte Wort die Stimmbürger haben, die dafür sorgen, dass vernünftige und notwendige Projekte finanziert und die dafür nötigen Steuereinnahmen generiert werden. Der Steuerwettbewerb ist also im schweizerischen System enthalten.

Auf der anderen Seite ist in der Schweiz die Möglichkeit für Abzüge relativ gering und oft nach oben limitiert. Es gibt nicht einmal steuerbegünstigte Bausparmodelle. Dadurch wird die individuelle Steuererklärung einfach und transparent. Trotz zum Teil komplexer Einkommenssituationen (selbstständige und unselbstständige Arbeit, in- und ausländische Einnahmen) brauchte ich selbst noch nie einen Steuerberater zum Ausfüllen meiner jährlichen Steuererklärung. Die wenigen Fragen, die ich hatte, konnte ich immer direkt mit den Fachleuten im Steueramt besprechen und abschliessend klären. Die vielen und komplizierten Abzugsmöglichkeiten, die oft in Deutschland von den Sparkassen und Versicherungen als Steuersparmodelle angepriesen werden, können nur mit Hilfe von Steuerberatern realisiert werden, die sich wiederum nur einkommensstarke Bürger in Deutschland leisten können. Wer in Deutschlands Innenstädten ganze Häuserreihen mit Steuerberaterbüros sieht, muss sich fragen, wer dort überhaupt ein Interesse an einem einfacheren und transparenten Steuersystem haben kann.

Steuermoral und Spitzensteuersatz

Tatsache ist, dass die Steuermoral in der Schweiz sehr hoch ist, und solche Steuerskandale, wie sie immer wieder in Deutschland und auch in den USA auffliegen, in der Schweiz nicht vorkommen. Deutsche Politiker waren stolz darauf, den Spitzensteuersatz von

48 Prozent auf 42 Prozent gesenkt zu haben. Sie – und interessanterweise auch viele deutsche Steuerzahler – vergessen jedoch den Solidaritätszuschlag von 5,5 % der Einkommenssteuer, was 1 bis 3 Prozent vom Brutto ausmacht, womit wir schon wieder bei 45 Prozent sind. Der Spitzensteuersatz gilt ab 250 000 Euro für Alleinstehende. Dazu kommt seit 2007 noch die Reichensteuer bei Einkommen ab 250 000 Euro (500 000 Euro für Ehepaare) von zusätzlichen 3 Prozent, was alles wieder auf die alten 48 Prozent hebt. In der Schweiz wird der Spitzensteuersatz von 11,5 Prozent bei der Bundessteuer für Alleinstehende bei einem steuerbaren Einkommen von 700 000 CHF erreicht. Die Kantons- und Gemeindesteuer variiert bedingt durch den Steuerwettbewerb geografisch, liegt aber in einem mittleren Deutschschweizer Kanton bei maximal 13,5 Prozent für Alleinstehende, sodass die höchste gesamte Steuerbelastung 25 Prozent ausmacht. Bei einem steuerbaren Einkommen von 200 000 Franken liegt sie bei 20 (+/- 2) Prozent je nach Kanton und Ort.

Die Gemeinden buhlen um die guten Steuerzahler und übertreiben dabei auch. Als ich kürzlich einen Bekannten beim Hauskauf beratend darauf hinwies, dass die gewählte Gemeinde nicht die steuergünstigste sei, meinte er nur: «Nachdem ich die letzten sechs Jahre 52 Prozent Steuern in Kanada zahlen musste, ist es für mich egal, ob ich 18, 19 oder 20 Prozent bezahle. Alles ist hier supergut.» Das relativiert doch einiges.

Kalte Progression
In Deutschland wird immer wieder über den Ausgleich der kalten Progression diskutiert. Es geschieht aber nichts, weil dem Staat Steuergelder verlorengehen würden. In der Schweiz gilt die Regel, dass bei einer aufgelaufenen Inflation von 7 Prozent die kalte Progression automatisch ausgeglichen wird, also das ganze Steuersystem um 7 Prozent gesenkt wird. Zurzeit wird im Parlament sogar diskutiert, schon bei 3 Prozent Inflation einen jährlichen Ausgleich zu schaffen.

Besteuerung von Firmen

Die Besteuerung von Firmen ist ebenfalls von Kanton zu Kanton verschieden und im Vergleich zu Deutschland ein grosser Vorteil. Vergleichszahlen möchte ich hier nicht bringen, weil das den Rahmen sprengen würde. Wichtig zu wissen ist jedoch, dass bei der Schaffung von Arbeitsplätzen und/oder bei Arbeitsplatzgarantien die kantonalen Steuerämter eine teilweise Steuerbefreiung bewilligen können. Auch die Bundessteuer kann in ganz bestimmten, förderungswürdigen Regionen, sogenannten Bonny-Gebieten, erlassen werden, die nach Nationalrat Jean-Pierre Bonny so genannt werden.

Einzelpersonen und Firmenbesitzern, die mich zum Standort Schweiz befragen und einen privaten Umzug oder eine Firmenverlegung ins Auge fassen, rate ich immer, nicht nur die Steuerersparnis im Auge zu haben. Der deutsche Fiskus hat nämlich mit der Lex Horten eine fünfjährige Übergangsfrist nach dem Wegzug festgelegt. Umzugswillige Firmen werden unter dem Stichwort Funktionsverlagerungen genau unter die Lupe genommen und allenfalls weitere fünf Jahre auch in Deutschland besteuert. Wer hingegen gute Gründe für ein Leben und Arbeiten in der Schweiz hat (die Freizeitmöglichkeiten, der gute Verdienst, weniger Bürokratie, das Ansehen als Unternehmer usw.), dem kann ich nur sagen: «Der erste Tag der fünfjährigen Übergangsfrist beginnt morgen.»

Erbschaftssteuer, Vermögenssteuer, Pauschalbesteuerung

In der Schweiz existiert auf Bundesebene keine Erbschaftssteuer. Viele Kantone haben sie ebenfalls abgeschafft oder sind daran, dies zu tun. Hingegen gibt es im Gegensatz zu Deutschland eine wenn auch geringe Vermögenssteuer. Sehr vermögende Ausländer können mit den Steuerbehörden eine Pauschalbesteuerung aushandeln, wenn sie kein Einkommen in der Schweiz haben. Diese sogenannte Besteuerung nach Aufwand beträgt meist den fünffachen Eigenmietwert des bewohnten Hauses. Dass die Pauschalbesteuerung nicht sakrosankt ist, zeigt der Kanton Zürich, der sie in einer Volksabstimmung abgeschafft hat. Es bleibt jetzt abzuwarten, ob die Betroffenen in die Nachbarkantone abwandern.

Der Eigenmietwert ist ein von den Steuerbehörden für jedes Haus und jede Wohnung festgesetzte fiktive Mieteinnahme, welche die bewohnenden Besitzer in ihrer Steuererklärung eintragen müssen und die das steuerbare Einkommen somit erhöht. Hierdurch sollen die Abzugsmöglichkeiten jeglicher Schuldzinsen, insbesondere der Hypothekarzinsen, vom steuerbaren Einkommen etwas kompensiert und mehr Gerechtigkeit zwischen Eigentümern und Mietern hergestellt werden.

Dienstfahrzeuge und Spesen

Das in Deutschland übliche Leasing von Dienstfahrzeugen ist in der Schweiz wenig verbreitet, weil es steuerlich nicht interessant ist. Hingegen gehört es in manchen Firmen zu den Fringe Benefits, ein Generalabonnement oder Halbtax-Abo an ihre Mitarbeiter abzugeben, den Fitness-Club mitzufinanzieren usw. Diese geldwerten Leistungen sind auf dem Lohnausweis vermerkt und müssen in der Steuererklärung deklariert werden. Ausser bei Pauschalspesen für z.b. Aussendienstmitarbeitende werden die Spesen genau nach Aufwand erstattet, wobei für Essen und Hotelübernachtungen Obergrenzen gelten, die in vom kantonalen Steueramt freigegebenen Spesenreglementen festgehalten sind.

Nachfolgend einige Begriffe zu Steuern und Altersvorsorge:

Hochdeutsch	Schriftdeutsch	Beispielsatz (Bemerkung)
Gehalt	Salär, Lohn	Wann ist das Salär auf dem Konto?
Lohnsteuerkarte	Lohnausweis	(Eine Lohnsteuerkarte gibt es in der Schweiz nicht. Am Jahresende erhält jeder Mitarbeiter einen Lohnausweis.)
Rentenversicherung	AHV	Alters- und Hinterlassenenversicherung, Umlage finanziert.
Riester-Rente (freiwillig)	Pensionskasse (Pflicht für unselbstständig Erwerbstätige)	Berufliche Vorsorge, Kapital finanziert.
Finanzamt	Steueramt, Steuerverwaltung	Es gibt das Gemeinde- und kantonale Steueramt.
Finanzbeamter	Steuerkommissär	Heute kam ein Brief vom Steuerkommissär.
19 %	8,0 %	der normale Mehrwertsteuersatz
67 (67)	65 (64)	Rentenalter Mann (Frau)
Anleihe, Rente, Bond mit Verzinsung	Obligation mit Coupon	Diese Obligation über 100 Mio. Franken hat einen Coupon von 5 Prozent per annum.

17. Gesundheit und Krankenversicherung

Obligatorische Krankenversicherung

Alle in der Schweiz wohnhaften Personen müssen für sich und ihre Familienangehörigen eine obligatorische Krankenversicherung abschliessen. In dieser Grundversicherung sind die Leistungen gesetzlich festgelegt und für den einfachen Arztbesuch wie für den Spitalaufenthalt gleichermassen ausreichend. Viele Krankversicherungen bieten diesen Versicherungsschutz zu unterschiedlichen Preisen an. Eine Unterscheidung nach gesetzlichen und privaten Krankenkassen wie in Deutschland gibt es nicht. Die ersten 300 Franken Arzt- oder Spitalkosten im Jahr muss jeder Versicherte selbst bezahlen. Diese Jahresfranchise kann freiwillig erhöht werden, was eine markante Senkung der Versicherungsprämie bewirkt, die als Kopfprämie unabhängig vom Einkommen der versicherten Person ist.

In Deutschland ist die Höhe der Versicherungsprämie bis zur Beitragsbemessungsgrenze von 47 250 Euro vom Einkommen abhängig (15,5 Prozent vom Brutto, wovon 8,2 Prozent der Arbeitnehmer und 7,3 Prozent der Arbeitgeber zahlen). Wer im Jahr mehr als 52 200 Euro verdient, braucht sich gar nicht mehr versichern lassen oder kann in Deutschland zu einer privaten Krankenkasse wechseln. Eine quartalsweise fällige Praxisgebühr von 10 Euro beim ersten Arztbesuch gibt es in der Schweiz nicht. Es gibt auch keine Überweisung vom Hausarzt zum Spezialarzt wie in Deutschland. Jede und jeder kann im Bedarfsfall direkt zum Spezialisten oder gleich ins Spital gehen.

Private Zusatzversicherung

Wem die Leistungen der Grundversicherung nicht genügen, z.B. wer Wert auf ein Einzelzimmer im Krankenhaus legt, Chefarzt-Behandlung wünscht, die freie Wahl des Krankenhauses usw., der kann eine private Zusatzversicherung abschliessen, meist als P1 oder P2 bezeichnet. Auch hier kann die Wahl einer höheren Jahresfranchise markante Prämienreduktionen bewirken. Im Gegensatz zu Deutschland sind aber in der Schweiz viele Vorsorgeuntersuchungen wie z.b. die Mammografie in der Grundversicherung enthalten.

Zahnarztkosten und Mundhygiene

In der Schweiz werden Zahnarztkosten nicht von der Krankenversicherung übernommen. Jede und jeder zahlt seine Zahnarztkosten aus der eigenen Tasche, ausser er oder sie hat eine sehr teure Zahnschutz-Zusatzversicherung abgeschlossen. Die Idee dahinter ist, dass alle gleichermassen Zahnprobleme haben und somit keine Notfall- oder Ausnahmesituation besteht, die durch eine Solidargemeinschaft wie die Krankenversicherung überbrückt werden muss. Jeder ist also selbst für sich verantwortlich. Als Folge werden die Kinder bereits im Kindergarten und in der Schule zur regelmässigen Zahnpflege angehalten. Jährlich erscheint die Zahnputzfrau und erklärt den Zusammenhang zwischen Essen und Trinken und der Mundhygiene. Auch in den Firmen ist es durchaus üblich, sich nach dem Mittagessen die Zähne zu putzen. Vergleichbares habe ich in Deutschland nie erlebt.

Steigende Prämien

Leider steigen auch in der Schweiz von Jahr zu Jahr die Gesundheitskosten überproportional an, was eine jährliche Verteuerung der Versicherungsprämien zu Folge hat. Die neuen Prämien für die Grundversicherung müssen vom Bundesrat, der Schweizer Regierung, genehmigt werden und können von Kanton zu Kanton sehr unterschiedlich ausfallen. Meist werden sie im Oktober kommuniziert. Bis Ende November ist es möglich, ohne grossen Aufwand zu einer günstigeren Krankenversicherung zu wechseln. Diese marktwirtschaftliche Komponente soll helfen, den Prämienanstieg zu bremsen.

In Deutschland müssen die Lohnsteuer sowie die Beiträge für Rentenversicherung, Krankenkasse und Pflegeversicherung von den Unternehmen abgeführt werden. Rentenversicherung und Krankenkassen müssen mit Steuergeldern quer-subventioniert werden. In der Schweiz haben Unternehmen nichts mit der Krankenversicherung ihrer Mitarbeiter zu tun. Die Versicherungen sind privatrechtlich organisierte Unternehmen, die für ihre Risiken Reserven anlegen und auf die Kosten achten müssen.

Deutsches Personal in Schweizer Spitälern

Seit dem Inkrafttreten der bilateralen Verträge im Jahr 1999 kommen sehr viele Ärzte und Krankenschwestern aus Deutschland in die Schweiz. Sie schätzen die besseren Verdienstmöglichkeiten und die angenehmeren Arbeitsbedingungen. Natürlich sind sie bestens ausgebildet und kennen bereits die Abrechnungsmethoden nach Fallpauschalen, die als kostendämpfende Massnahmen aus den USA kommend in Deutschland bereits vor Jahren und in der Schweiz erst jetzt eingeführt wurden.

Problematisch ist das Hierarchieverständnis in gemischten deutsch-schweizerischen Teams. Während Schweizer Teams partnerschaftlich zusammenarbeiten, agieren deutsche Chef- und Oberärzte eher autoritär und erwarten, dass ihren Anweisungen uneingeschränkt Folge geleistet wird. Das wirkt sich auch auf das Verhältnis zu den Patienten aus, die im Gesundheits- und Pflegebereich neu mit sehr vielen Deutschen konfrontiert sind und ihre Sprache und den vertrauten Umgang vermissen. Obwohl schon ganze Abteilungen fest in deutscher Hand sind, sollte es möglich sein, durch Schulungen oder Eigeninitiative die schweizerischen Aspekte zu vermitteln, denn hier liegt ein latentes Konfliktpotenzial.

Rauchverbote

In der Schweiz gilt ein generelles Rauchverbot in öffentlichen Gebäuden, Restaurants und Bars. Einige Kantone erlauben jedoch den Wirten die Einrichtung von Raucherlokalitäten oder -räumen, Fumoirs genannt. Auch erfolgt die Umsetzung der Verbote eher schleppend und ist in den Kantonen unterschiedlich weit gediehen.

Hier sind zusammengefasst einige Begriffe aus dem Gesundheitswesen, Namen von Körperteilen und Krankheiten:

Hochdeutsch	Schwiizertüütsch	Beispielsatz (Bemerkung)
Krankenhaus	Spital	Ich bin drüü Tääg im Spital gsii.
Krankenkasse	Krankenversicherung	
Beitrag (15,5 Prozent vom Brutto bis zur Bemessungsobergrenze, wird von Firma abgeführt)	Prämie (Kopfprämie, private Einzahlung)	Für das nächste Jahr werden die Krankenkassenprämien erneut erhöht.
Versicherungsvertrag	Police	Ihre Kinder sind in der Police inbegriffen.
Selbstbeteiligung	Franchise	Mindestens 300 Franken, freiwillig mehr, was die Prämien senkt.
Ruhetag für Ärzte	Ärzte-Sonntag	Meist donnerstags; dann stehen nur Notfallarzt und Spital zur Verfügung.
Häusliche Pflege	Spitex = Spitalexterne Hilfe und Pflege	(Hausbetreuungsdienst für Stadt und Land in der ganzen Schweiz)
Kittel/Schürze	Schooss	Du häsch en Fläck uuf dinere Schooss.
wehtun	weh mache	S Bobo macht sehr weh.
Wehweh, Aua	Bobo	(aus dem Französischen)
Mund	Muul	Machet Sie bitte s Muul uuf.
Kopfschmerzen	Grindweh	Bi Föhn han ich Grindweh.

Schnupfen	Pfnüsel	Miin Pfnüsel duuret jetzt schon drüü Tääg.
Heuschnupfen	Heupfnüsel	Dä Heupfnüsel isch nöd zum Uushalte.
Bauchschmerzen	Buuchweh	Mit dem Buuchweh muesch zum Doktor gah.
Durchfall	Schiisser	D Chatz hät dä Schiisser ghaa.
Rülpser, Bäuerchen	Görpsli	S Baby macht es Görpsli.
Rücken	Rucke, Rugge	Miin Rucke macht weh.
Bein	Scheiche	Mini Scheiche tüend mer weh vom Wandere
schlafen	pfuuse	Pfuus guet.
Schlafanzug	Pyjama, kurz Pischi	(aus dem Englischen)
Bett	Näscht, Nest	Im Zimmer häts zwei Näschter.
Hausschuh(e), Pantoffel(n)	der Finke, die Finken	Ins Spital bitte die Finken mitbringen.
Raucher-Abteil	Fumoir	Raucher dürfen nur im Fumoir rauchen.

18. Schweizerdeutsch verstehen und sprechen

Eine offizielle Schreibweise des Schwiizertüütsch gibt es nicht, weil es kein einheitliches Schweizerdeutsch gibt. Allerdings existieren in den Kantonen jeweils eigene – weitgehend unbekannte – Wörter- und Grammatik-Bücher. Besonders Jugendliche und Kinder schreiben auch in ihrem jeweiligen Dialekt, insbesondere in E-Mails und SMS und wenn es um Gefühle geht.

Ich benutze hier folgende Regeln für die Schreibweise des Schwiizertüütsch, die sprachwissenschaftlich keinesfalls erhärtet sind, aber – speziell für Norddeutsche – sehr hilfreich sein können: Ein Umlaut mit anschliessendem Selbstlaut (Vokal) wird buchstabengetreu einzeln ausgesprochen und phonetisch durch die Verwendung eines Bindestrichs und von Trennpunkten angezeigt, so wie in Micha-ëla oder in Citro-ën. Beispiele: Grü-ëzi oder Ü-ëtliberg. Für lange Vokale verwende ich die Schreibweise «aa», «ee», «ii», «oo» und «uu», also einen doppelten Vokal.

Kurze Silben werden durch einen Vokal gefolgt von zwei Mitlauten (Konsonanten) schriftlich dargestellt, Beispiel: «Sitte» oder «glatt». Ein doppeltes «ss» ist hiervon ausgenommen, da es im Schweizer Schriftdeutsch die Bedeutung von «ß» hat; Beispiel: der hochdeutsche «Fuß» wird zum schriftdeutschen «Fuss» und im Schweizerdeutschen zum langsilbigen «Fu- ëss».

a) Sprache als Werkzeug

Das Schöne in der Schweiz ist, dass die Sprache ein Werkzeug zur Verständigung der Menschen ist, nicht mehr und nicht weniger. In Deutschland (wie auch in England und besonders in Frankreich) ist die Sprache auch ein Sozialindikator, mit anderen Worten: Wer nicht richtig hochdeutsch sprechen kann, stammt aus einer unteren sozialen Schicht. Dieser Witz beschreibt das trefflich: Fragt eine Autofahrer einen Türken: «Wo geht es hier nach Aldi?» Korrigiert der Türke: «Zu Aldi.» Autofahrer: «Was, Aldi ist schon zu?» Deutsche finden das lustig, Schweizer weniger.

Dass auch gebildete Ausländer eine Sprache nur mit Fehlern sprechen können, gehört in Deutschland nicht zum allgemeinen Bewusstsein, und die Toleranz ist bei Fehlern sehr gering. Statt dessen fällt ein Deutscher im Gespräch mit Ausländern schon mal in ein spezielles «Ausländerdeutsch» (Was du haben wollen?), welches sich durch die Verwendung von Infinitiven auszeichnet, und markiert sein Gegenüber damit erst recht als Ausländer.

In der Schweiz sind 23 Prozent der Wohnbevölkerung Ausländer, und die Schweizer selbst sprechen drei verschiedene Hochsprachen plus Englisch und unzählige Dialekte. Wenn jemand also mit Ausländern spricht und ein Wort nicht weiss, benutzt er das Wort seiner Muttersprache und kann fast sicher sein, dass ihn der andere dennoch versteht. Jeder weiss, dass Fehler in einer Fremdsprache unvermeidlich sind, und ist entsprechend tolerant beim Verstehen seines Gegenübers. Die Sprache ist Werkzeug und dient nicht als Sozialindikator.

b) Mangelnde Perfektion

Diese Haltung hat auch einen Nachteil. In Briefen, im Schulunterricht und in Berichten am Fernsehen oder im Radio, in denen es auf ein perfektes Deutsch ankommen sollte, herrscht oft dieselbe Toleranz, was sich in vielen grammatikalischen und orthografischen Fehlern niederschlägt. Keiner fühlt sich bemüssigt, hier zu korrigieren, selbst in der Schule herrscht eine grosse Laxheit in dieser Beziehung. Ich nenne das mangelnden Willen zur Perfektion, der auch Schweizer Schülern immer wieder zum Verhängnis wird.

Wer hat in Vorträgen oder Firmenseminaren in der Schweiz nicht schon folgende Situation erlebt? Das Publikum ist gemischt, d.h. die meisten Anwesenden sprechen und verstehen Schweizerdeutsch, einige wenige sind Deutsche oder Welsche oder Tessiner, die zwar Hochdeutsch verstehen, aber mit dem Dialekt Mühe hätten. Die klassische Frage des schweizerischen Seminarleiters: «Chan ich Schwiizertüütsch rede, oder muess (!) ich Schrifttüütsch rede?» Oder «Verstaht öppert kei Züritüütsch?» Tja, selbst wenn die Deutschen und Welschen im Publikum diese Frage überhaupt verstanden haben, trauen sie sich nur selten sich zu melden und einen schriftdeutschen Vortrag zu verlangen. Tun sie es doch, beginnt der Sprecher oft auf Schriftdeutsch zu reden, fällt aber nach der ersten schweizerdeutschen Zwischenfrage sofort in seinen Dialekt zurück und bleibt dabei. Das Schweizerdeutsche verstehen zu lernen kann ich darum allen empfehlen, die längere Zeit in der Schweiz leben und arbeiten möchten oder müssen.

c) Regeln für die Ableitung des Schweizerdeutschen aus dem Hochdeutschen

Schweizerdeutsch ist die Sprache des Herzens und der Gefühle. Wer als Deutscher möchte, dass sein schweizerisches Gegenüber im persönlichen Gespräch nicht sofort ins Schriftdeutsche wechselt, sondern weiterhin seinen Dialekt spricht, damit er sich auch authentisch und mit dem Herz auf der Zunge ausdrückt, der muss zumindest so viel Schwiizertüütsch verstehen oder sogar sprechen, dass kein dauerndes Nachfragen nötig ist. Mit den nun folgenden einfachen Regeln bin ich selber im Ableiten des Schwiizertüütsch aus dem Hochdeutschen sehr weit gekommen, und selbst meine Kinder attestieren mir, einigermassen Schwiizertüütsch sprechen zu können.

Wer sich als Deutscher erstmals mit Schweizern unterhält und sich für ihre Halskrankheit, also die vielen **ch** in ihrer Sprache interessiert, wird spontan zur allgemeinen Belustigung aufgefordert, das Wort «Chuchi-chäschtli» (also Küchenschrank) zu sagen. Ebenso beliebt ist «Chäs-chüechli», was dann im dem anspruchsvollen Fragesatz mündet: «Häts no Chäschüechli im Chuchichäschtli?» Auf Hochdeutsch: «Gibt es noch Käseküchlein im Küchenschrank?» Neben der Freude, die speziell Norddeutsche den Schweizern beim Radebrechen dieses Satzes bereiten, erkennt man hier …

Regel Nr. 1: das «ch»

Alle hochdeutschen **k** mit nachfolgendem **a, i, o, u, ä, ö, u, au, äu** und **eu** aber nicht **e** (Beispiel: kennen) und **ei** (Beispiel: kein, keiner, keine) werden im Schwiizertüütsch zu **ch** und **ch** bleibt **ch**. Ausnahmen zu dieser Regel bildet Gipfel = Hörnchen, das wie «Kipfel» gesprochen wird». In wenigen Fällen wird **k** bei nachfolgendem Konsonanten zu **ch**, siehe dazu die Beispiele ganz unten:

Schriftdeutsch	Schwiizertüütsch	Beispielsatz (Bemerkung)
Kästchen	Chäschtli	Miin Ring isch im Schmuckchäschtli.
Katze	Chatz	Eusi Chatz muuset.
Kind, Kinder	Chind	S Chind rü-eft em Mammi.
Kuh, Kühe	Chu-ë, Chü-ë	Chüe gäbet Milch.
Kalb	Chalb	Dä Buur hät siis Chalb verchauft.
kalt	chalt	Ich han chalt.
Kamin	Chämmi	Ussem Chämmi chunnt Rauch use.
Kirmes	Chilbi	In Wollerau isch Chilbi.
kosten	choschte	Was choschtet das?
können	chönne	Chönntsch nöd go poschte für mich?
kommen, komm	choo, chumm	Mutter ruft die Kinder: «Hei choo!»
kauen	chäue	Wa chäusch du da?
Kaugummi	Chäutschgi	Nimms Chäutschgi usem Muul.

klein, Kleiner	chlii, Chlii	Was wott dä Chlii?
Knoblauch	Chnobli	Du schtinksch nach Chnobli.
Kruste	Chruschte	(k mit Konsonant wird zu ch)
kleben	chläube	(k mit Konsonant wird zu ch)
Kleber, Leim	Chläubi	(im übertragenden Sinn auch für Geld)

Wer Hochdeutsch zu sprechen meint, ist felsenfest davon überzeugt, dass alles so ausgesprochen wird, wie es geschrieben wird. Neben den dialektbedingten Ausnahmen (siehe Kapitel 1. Einleitung oben) gilt das aber selbst für das Bühnendeutsch nicht. In den Wörtchen «wie» und «die» sowie im Städtenamen Soest wird das e nicht gesprochen, sondern dient der Verlängerung des voranstehenden Vokals. Im Schweizerdeutschen hingegen wird das e prononciert mitausgesprochen, also «wi-ë» und «di-ë». Ein Norddeutscher versteht dann unter Umständen eher «wir» und «dir», weil er in seinem Dialekt die r zu a werden lässt.

Regel Nr. 2: lange Vokale
Jetzt verallgemeinern wir in dieser zweiten Regel diese Erkenntnis auf die langen Vokale i und u sowie den Umlaut ü und sprechen nachfolgende e prononciert mit aus. Bei nachfolgendem r gilt die Regel nicht. Beispiele:

Langer _i_-Vokal

Schriftdeutsch	Schwiizertüütsch	Beispielsatz (Bemerkung)
wie	wi-ë	Wi-ë bitte?
die	di-ë	Isch es öppe di-ë da?
Gebiet	Gebi-ët	In dem Gebi-ët wohnet numme Usländer.
Tier	Tiir	(Nachfolgendes r, hier gilt die Regel nicht)

Langer u-Vokal

Schriftdeutsch	Schwiizertüütsch	Beispielsatz (Bemerkung)
Wut	Wu-ët	Ich han en ur-hu-ëre Wu-ët im Buuch.
gut	gu-ët	En Gu-ëte./Das isch hu-ëre gu-ët.
Mut	Mu-ët	Siin Mu-ët isch legendär gsii.
Bub, Buben	Bu-ëb, Bu-ëbe	Liebi Buebe und Meitli, …
rufen/Ruf	ru-ëfe/Ru-ëf	(auch rü-ëfe)
musst	mu-ësch	Das mu-ësch jetzt mache!
Fuss	Fu-ëss	Ich han mr dä Fu-ëss vertrampet.
Russ	Ru-ëss	Im Chämmi häts viel Ru-ëss gä.
Russ	Ru-ëss	Im Chämmi häts vill Ru-ëss gä
Flur	Flur	(Nachfolgendes r, hier gilt die Regel nicht)
Kur	Kur	(Nachfolgendes r, hier gilt die Regel nicht)

Langer ü-Umlaut

Schriftdeutsch	Schwiizertüütsch	Beispielsatz (Bemerkung)
gemütlich	gmü-ëtlich	Im Bett isch es gmü-ëtlich.
Grüezi	Grü-ëzi	Grü-ëzi mitenand.
Müesli	Mü-ësli	(Müüsli hingegen ist eine kleine Maus!)
müde	mü-ëd	Hüt bin ich so mü-ëd.
Üetliberg	Ü-ëtliberg	(Der Hausberg von Zürich.)
süss	sü-ëss	Das isch so en sü-ësse Hund.
Füsse	Fü-ëss	(Plural von Fuss)
rühren	rü-ërä	Rü-ër dä Bölle inne.

führen	fü-ërä	Ich fü-ërä dä Lade da.
für	für	(Nachfolgendes *r*, hier gilt die Regel nicht)

Manche prononciert mitgesprochenen **e** werden in anderen Sprachregionen, z.B. alpin IV und V (siehe Kapitel 3.), sogar zu **ä** oder **a**. Dort heisst es also «gu-ät», «gu-at» oder «wi-ä», «wi-a».

Regel Nr. 3: Umlaute zu langen Vokalen

Jetzt kommen wir zum Vertauschen der Vokale in einem Diphthong. Zur Erinnerung, ein Diphthong in der deutschen Sprache ist **au** wie in faul, **eu** wie in Leute, **äu** wie in läuten und **ei** wie in Wein. Als Eselsbrücke nehmen wir «faul», ein Vertauschen der Vokale ergibt «fual». Jetzt erinnern wir uns, dass wie im hochdeutschen «die» ein angehängtes **e**, **a** oder **ä** die Bedeutung eines langen Vokals hat, somit wird «fual» im Schwiizertüütsch «fuul» ausgesprochen. Hier weitere Beispiele:

Schrift- deutsch	Vokale vertauschen	Schwiizer- tüütsch	Beispielsatz (Bemerkung)
au zu *ua*			
faul	f-ua-l	fuul	Du bisch en fuule Si-ëch.
Maul	M-ua-l	Muul	Heb jetzt s Muul! (= Halt den Mund)
sauer	s-ua-er	suur	Wotsch en suure Moscht?
Bauch	B-ua-ch	Buuch	Mis Buuchgfüül seit mir, dass...
Bauer	B-ua-er	Buur	Dä Buur buuret uf em Buurehof.
Mauer	M-ua-er	Muur	De Töff isch id Muur gfaare.
Maurer	M-ua-rer	Muurer	Bisch Muurer oder Sanitär?
dauern	d-ua-re	duure	D Chille duuret immer so lang.
Daumen	D-ua-men	Duume	di-ë mit dem grü-ëne Duume.

eu zu ue

Leute	L-ue-te	Lüüt	In Züri häts immer vill Lüüt.
teuer	t-ue-er	tüür	Das Brot isch z tüür.
heute	h-ue-te	hüt	Hüt schiint d Sunne.
heuer	h-ue-er	hüür	(in diesem Jahr)
Beutel	B-ue-tel	Büütel	Wo isch miin Geldbüütel?
Feuer	F-ue-er	Füür	Füür git Rauch.
Reuss	R-ue-ss	Rüüss	(der Fluss durch Luzern)

äu zu uä

läuten	l-uä-ten	lüüte	Häsch du glüütet?
Mäuschen	M-uä-schen	Müüsli	(aber Mü-ësli zum Essen)
Mäuse	M-uä-se	Müüs	D Chatz fangt Müüs.
Läuse	L-uä-se	Lüüs	Ide Schuel händ alli Lüüs.
Gehäuse	Geh-uä-se	Ghüüs	Ich ha s Ghüüs uufgschruubt.
Häuser	H-uä-ser	Hüüser	In Züri sind Hüüser tüür.

ei zu ie

Wein	W-ie-n	Wii	Wie viel Glas Wii häsch ghaa?
meine, deine, seine	m-ie-ne d-ie-ne, s-ie-ne	miini, diini, siini	Diini Chind sind lieb.
Feier	F-ie-er	Fiir	Am Sunntig händ mir ä Fiir.
fein	f-ie-n	fiin	(im Zusammenhang mit Essen oder Menschen wird aber «fein» gesagt: Das isch en feine Zmittag gsii./Er isch en feine Mänsch.)
klein	kl-ie-n	chlii	(Hier gilt Regel Nr. 1 **k** -> **ch**)
dabei	dab-ie	debii	Da wott ich debii sii.
sein	s-ie-n	sii	Laa das sii!

Die Perfektform von «sein» ist im Hochdeutschen «gewesen», aber im Schwiizertüütsch sozusagen «geseint», woraus dann mit der Diphthong-Vertauschung »gsii" wird. Das merken wir uns für später.

Regeln Nr. 2 und 3 können wir vereinfachend wie folgt zusammenfassen: Lange Vokale im Schriftdeutschen werden zu schweizer-deutschen Doppelvokalen mit prononciert mitgesprochenem **e**, **ä** oder **a** (Beispiel: Hut -> Hu-ët), und schriftdeutsche Diphthonge werden zu langen Vokalen oder Umlauten im Schweizerdeutschen (Beispiele: heute -> hüt oder Leim -> Liim). Auf eine Art wirken beide Regeln reziprok, speziell wenn man sich die Schreibweise der Umlaute **ü** = ue vor Augen hält, also in Kurzform: eu ←→ ue; ei ←→ ie.

Wie immer gibt es Ausnahmen zu den Regeln Nr. 3 und Nr. 4. Der schriftdeutsche «Staubsauger» sollte demnach zum schweizerdeutschen «Stuubsuuger» mutieren, richtig ist aber «Staubsuuger». «Staub», wie «Laub», «Frau» und das Bindewort «auch» sind in dem Sinne kurzsilbige Wörter, für die die Regel Nr. 3 gar nicht gilt. Schneien und Bleistift bleiben im Züritüütsch unverändert, aber in den alpinen Dialekten IV und V (Kapitel 3) «schniit's» und wird mit «em Bliistift» geschrieben. In Luzern ist die Fasnacht «schuurig schön», während es den Zürchern bei dem Gedanken «schaurig» wird.

Verwechslungen gibt es oft bei:
Buuch (= der Bauch) und	Buech (= das Buch);
Lüüt (= Leute) und	Lüüti (= die Schelle, Glocke);
Müüsli (= Mäuschen) und	Mü-ësli (= Müsli zum Essen);

Regel Nr. 4: «gha» und «gsi»
Zwei Wörter müssen Sie unbedingt aus dem Schweizerdeutschen heraushören können: «ghaa» und «gsii», meist aber «gha» und «gsi» geschrieben, für «gehabt» und «geseint» = «gewesen» (siehe oben Regel 3 am Schluss). Sie kommen in jeder Unterredung andauernd vor.

Hier die vollständige Konjugation von **haben, sein, können, kommen** und **wollen**:

Person	haben	sein	können	kommen	wollen
Infinitiv	ha	sii	chönne	choo	welle
ich	ha	bin/bii	chan	chumme	wott (auch: wett)
du	häsch	bisch	chasch	chunnsch	wotsch (auch: wetsch)
er, sie, es	hät	isch	cha	chunnt	wott (auch: wett)
mir	händ	sind	chönd	chömmed	wänd
ihr	händ	sind	chönd	chömmed	wänd
sie	händ	sind	chönd	chömmed	wänd
Partizip Perfekt	ghaa	gsii	chönne	choo	welle

Damit können Sie jetzt jede Zeitform bilden. Speziell die Formen von «können» und «kommen» führen für hochdeutsche Ohren leicht zu Verwechslungen, obwohl sie eindeutig verschieden sind.

Regel Nr. 5: die Zeitformen

Das Schwiizertüütsch kennt im Indikativ nur zwei Zeitformen, Präsens und Perfekt, also Gegenwart und 1. Vergangenheit. Futur, Präteritum und Plusquamperfekt gibt es nicht. Beispiele: «Ich gehe» und «ich bin gegangen» existieren, während «ich werde gehen», «ich ging» und «ich war gegangen» nicht existieren.

Zukunftsformen werden im Präsens mit Adverb gebildet, also «ich gehe morgen», «nächste Woche gehe ich», analog die Vergangenheiten: «Vor zwei Jahren bin ich in Zürich gewesen». Hingegen gibt es sehr schöne Konjunktivformen, die noch stark konjugiert werden. «ich würde machen» wird zu «ich mi-ëchti». Oder: «Er sagte, du würdest da sein» lautet: «Er hät gseit, du sigisch da.» Alle Konjunktivformen hier zu erläutern, würde definitiv dieses Buch sprengen und ist wohl eher auch ein Thema für Linguisten.

Regel Nr. 6: das «scht»

Ein weiterer Fall, in dem selbst im Bühnendeutsch nicht so gesprochen wie geschrieben wird, ist das **st** wie in «Steuer», das ja als **scht** gesprochen wird, wenn es zu Beginn eines hochdeutschen Wortes steht, aber nicht wenn es im Wort steht: Beispiele: Fest, Wurst, fast, Lust, Frust. Im Schwiizertüütsch hingegen wird es immer als «scht» gesprochen. Es heisst also Fäscht, Wurscht, fascht, Luscht, Fruscht.

Regel Nr. 7: Relativpronomen «wo»

Alle Relativsätze werden mit «wo» gebildet und nicht mit «der, die, das» oder den entsprechenden Deklinationsformen. Beispiel: «Ich han de Hund gseh, wo am Herr Müller ghört.» Oder: «Da hinne staht dä Maa, wo immer mit em Bus chunnt.» Diese Konstruktion ist also sogar einfacher als im Englischen, wo es immerhin mit «who» und «which» zwei Relativpronomen gibt, je nachdem, ob es sich auf eine Person oder eine Sache bezieht.

Regel Nr. 8: «-ung» wird zu «-ig»

Die Endung -**ung** wird zu -**ig**. Das gilt für praktisch alle Wörter. Im Züritüütsch kenne ich nur zwei Ausnahmen «Achtung» und «Entschuldigung». Hier einige Beispiele:

Schriftdeutsch	Züritüütsch	Beispielsatz (Bemerkung)
Änderung	Änderig	Im Brief bruuchts no einigi Änderige.
Hemmung	Hämmig	«Hämmige» (der bekannte Song von Mani Matter bzw. neu von Stephan Eicher)
Leistung	Leischtig	Priis und Leischtig stimmed nöd.

Ordnung	Ordnig	Alles in Ordnig?
Erhöhung	Erhöhig	Git's hüür e Salärerhöhig?
Werbung	Werbig	Die Werbig isch blöd.
Zahlung	Zalig	Häsch du d Zalig scho gmacht?

Mit den bisherigen acht Regeln kommen Sie mit Züritüütsch (Sprachregion I) bereits sehr gut zurecht. Dieselben Regeln gelten auch in der berndeutschen Sprachregion II, aber damit Sie dort wirklich etwas verstehen, helfen Ihnen die nächsten beiden Zusatzregeln weiter.

Regel Nr. 9: «l» wird zu «u» im Berndeutschen

Alle l am Wortende nach einem Vokal oder zwischen zwei Vokalen werden im Bärntüütsch zu u. Das finden Sie vielleicht jetzt unglaublich, aber probieren Sie mal folgenden Satz: «Im Hallenbad gibt es grosse Wellen» auf Berndeutsch: «Im Ha-u-ebad gits grossi Wä-u-e.» Diese einfache Erkenntnis hilft Ihnen enorm weiter. In der folgenden Tabelle finden Sie einige typische berndeutsche Wörter, die diesem Prinzip folgen:

Schriftdeutsch	Züritüütsch	Bärntüütsch	Beispielsatz (Bemerkung)
Welle	Wälle	Wä-u-e	Im Ha-u-ebad git's grossi Wä-u-e.
viel	vill	vi-u	Danke vi-u-ma-u (= danke vielmal)
Geld	Gäld	Gä-ud	Wievi-u Gä-ud hesch no?
falsch	falsch	fa-usch	Ne-i, das isch fa-usch.
doch	moll	mo-u	Mo-u, das isch guet gsii.
alle / alles	alli / alles	a-u-e / a-u-es	Aui miini Äntli....

gell	gäll	gä-u	Ig ha rächt, gä-u?
allerweil	allwäg	a-u-wää	(Klingt wie «oh weh», ist aber ein Bindewort, das man ständig hört.)
also	also	a-u-so	(Auch Andeutung in einem Gespräch, speziell Telefongespräch, dass es jetzt zu Ende geht. Es folgt der Abschiedsgruss.)
mild	mild	mi-u-d	Das isch e mi-u-de Winter gsii.
elf	elf	e-u-f	(die Zahl 11)
Stelle	Schtell	Schte-u	Ig bruche en Arbetsste-u.
Hals	Hals	Ha-u-s	(Verwechselgefahr mit Haus = Huus)
Fall	Fall	Fa-u	I dem Fa-u mache mir das äso.
Wille	Wille	Wi-u-e	Da isch min lätschter Wi-u-e.
Himmel	Himmel	Himm-u	Um Himm-us Gotts Wi-ue (Um Himmelswillen)
E-Mail	Imail	Imä-u	Hesch du mis Imä-u gseh?

Steht das **I** hingegen am Anfang eines Wortes oder einer Silbe oder innerhalb einer kurzen Silbe, gilt die Regel nicht. Beispiele: «lügen», «Interlaken», «voll», «flach», usw., d.h. es bleibt in der Aussprache ein **I**.

Regel Nr. 10: Endungen im Berndeutsch

Ein weiteres Merkmal des Bärntüütsch ist der Wandel der Silben **and**, **ind** und **und/unt** in **ang**, **ing** und **ung**, während **end** und **ond** unverändert bleiben. Das Bindewort «und» selbst wird zu «uu» und «auch» wird zu «oo».

Hier die Beispiele:

Schriftdeutsch	Züritüütsch	Bärntüütsch	Beispielsatz (Bemerkung)
miteinander	mitenand	mitenang	Grü-essech mitenang
finden	finde	finge	Das fingen ig sehr lieb vo dir.
Kopf	Grind	Gring	Gring ache uu seckle. (= Jetzt aber durchbeissen.)
blind	blind	bling	Bisch öppe bling?
Kind	Chind	Ching	Mi Brüetsch het zwöi Ching.
Hund, Hunde	Hund, Hünd	Hung, Hüng	Ig ha zwe Hüng daheime.
gesund	gsund	gsung	Seckle isch gsung.
Unterschied	Unterschiid	Ungerschiid	S isch en grossen Ungerschiid zwüschet Bärn- und Züritüütsch.
Befund	Befund	Befung	Dr Befung isch positiv.
und	und	uu	Hung uu Chatz (je nach Satzstellung gedehnt ausgesprochen)
auch	au	oo	(je nach Satzstellung gedehnt ausgesprochen)

Natürlich gibt es im Berndeutschen noch weitere Unterschiede zum Züritüütsch und besonders zum Hochdeutschen, aber hier geht es erst mal um ein rudimentäres Verständnis, dafür reichen diese beiden Zusatzregeln völlig aus. Vom Versuch, Berndeutsch zu sprechen, möchte ich persönlich abraten. Aber es reicht schon, einige Wörter oder Sätze Züritüütsch einzustreuen oder zu sprechen, und die Berner bleiben bereits in ihrem schönen Dialekt.

Ich will auch nicht unerwähnt lassen, dass die Betonung der Wörter und die Intonation der Sätze im Schwiizertüütsch speziell sind. Als vom Hochdeutschen abweichendes Beispiel nenne ich die Betonung auf der ersten Silbe statt auf der zweiten: das **Bü**-ro, der **Pee**-Cee (Computer), das **La**-bor, das **Me**-nü usw. Eine Regel will ich dafür nicht formulieren, sondern ich rate allen, gut hinzuhören und sich auch die Satzmelodie, die oft am Satzende ansteigt statt zu fallen, als Besonderheit zu merken.

Zusammenfassend die 10 Regeln zur Ableitung des Schweizerdeutschen aus dem Hochdeutschen hier in Kurzform:

Regel-Nr.	Hochdeutsch / Schriftdeutsch	→	Schwiizertüütsch
1	*k* mit nachfolgendem *a, i, o, u, ä, ö, u, au, äu, eu* (aber nicht mit *e* und *ei*); *ch*	→ →	*ch* *ch*
2	langes *ie* langes *u* langes *ü*	→ → →	*i-ë* *u-ë* *ü-ë*
3	*ei* *eu* *äu* *au*	→ → → →	*ii* *üü* *üü* *uu*
4	gehabt, gewesen	→	ghaa, gsii
5	Futur, Präsens/Perfekt, Präteritum, Plusquamperfekt	→	Präsens/Perfekt
6	*st*	→	*scht*
7	Relativpronomen «der, die, das, welcher, welche, welches»	→	„wo»
8	Endung *ung*	→	Endung *ig*

Zusatzregeln für Bärntüütsch

9	*l* nach einem Vokal oder zwischen zwei Vokalen	→	*u*
10	Silbe *and*	→	*ang*
	Silbe *ind*	→	*ing*
	Silben *und/unt*	→	*ung*
	Bindewort *und*	→	*uu*

d) Bestimmte Artikel

Die bestimmten Artikel sind nicht so eindeutig dem Hochdeutsch oder dem Schwiizertüütsch zuzuordnen. Ganz grob: «der» wird zu «dä»; «die» zu «d» und «das» zu «s». Hat «die» und «das» aber die Bedeutung von «diese» bzw. «dieses», dann bleibt es beim «die» (di-ë) und beim «das». Ganz im Osten der Schweiz, also in St. Gallen und Graubünden, wird «das» zu «da», Beispiel: «I han da Huehn überfaare.»

e) Sieben magische Wörter

In dieses Kapitel gehört auch die Verwendung der sieben speziellen Wörter «moll (Bd: mo-u), gell/gäll (Bd: gä-u), oder, hä, säb, umme und jöh», die zum Schwiizertüütsch gehören wie das Amen in der Kirche. «Moll» wird am besten mit «doch» übersetzt und entsprechend «momoll» mit «doch, doch». Beispiel: «Das stimmt nöd.» «Momoll, das isch äso.»

Das «gell» oder «gäll» ist auch im Süddeutschen oft zu hören. Es wird einem Satz oder einer Frage nachgestellt, um die Aussage positiv zu hinterfragen und allenfalls bestätigt zu bekommen. Beispiel: «Du chunnsch doch au mit, gell?»

Das «Oder?» mit rollendem **r** am Ende ist eine Angewohnheit vieler Schweizer, die dieses Wort wie «gell» nach jedem Satz sagen.

Sie erwarten aber keine Antwort. Beispiel: «S Konzert isch guet gsii, oder?»

Wer etwas akustisch nicht versteht, reagiert normalerweise mit «Wi-ë bitte?» oder einfacher «Wi-ë?». In ländlichen Gegenden und in manchen städtischen Szenen hört man hingegen einfach «Hä?». Oft wird «Hä» auch wie das «Ne» im Deutschen eingesetzt.

«Säb» steht für «dieser, dieses, das da» und hat nichts mit dem Namen Sepp zu tun. Typischer Satz: «Säb han ich nöd verschtande.»

«Umme» hat zwei verschiedene Bedeutungen: einmal «hier, da» wie in «umme sii». Beispiel: «Isch diin Vater no umme?» und zweitens «zurück» wie in «umme gä». Beispiel: «Das Buech muesch umme gä.»

Ist etwas niedlich (wie Babies, Tiere, etc.) ist die Standardreaktion von Erwachsenen und Kindern: «Jöööh, so sü-ëss» oder nur «Jöööh.» Es gibt sogar den Jöh-Effekt, den zum Beispiel der Eisbär Knut bewirkt hat.

Streuen Sie doch diese Wörter regelmässig in ihr Schweizerdeutsch ein, und Sie klingen schon fast wie ein halber Schweizer..., oder?

f) Verniedlichung/Verkleinerung

Im Hochdeutschen können praktisch alle Substantive und Namen durch das Anhängen von «-chen» oder «-lein» verkleinert oder verniedlicht werden. Die Biene wird zum Bienchen oder Bienlein. Im Schweizerdeutschen gibt es nur die zweite Form des Diminutivs, wobei mit Regel Nr. 3 (siehe oben) ein «-lein» zu «-li» wird. Also ein Bienlein wird zum «Bi-ënli». Deutsche Komiker meinen, die Schweizer nachmachen zu können, in dem sie alle Wörter mit einem «-li» versehen: «Unsere Baggerwette kommt heute aus der Schweiz. Das Baggerli soll in drei Minutenli mindestens 10 Kerzenli mit dem Schaufeli ausdrücken.» Deutsche finden das lustig, Schweizer nicht.

Obwohl man tatsächlich fast überall ein «-li» anhängen kann, gibt es zwei Ausnahmen, die sogar als beleidigend empfunden werden, wenn Deutsche dies dennoch tun: «Schweiz» und «Franken». Sagen Sie also einfach «Schweizli» und «Fränkli», wenn Sie sich so richtig unbeliebt machen wollen.

g) Öpper, öppe und öppis

Zu Beginn dieses Kapitels hatte ich den beliebten Chäschüechli-Satz erwähnt, den Sie jetzt mit meinen zehn Regeln verstehen können. Neben diesen Regeln gibt es allerdings auch viele schweizerdeutsche Wörter, deren Bedeutung nicht aus dem Hochdeutschen hergeleitet werden kann.

Für folgende wichtigen Wörter habe ich mir diesen Merksatz ausgedacht: «Hät öppe öpper öpperem öppis öppedie ggää?», den ich noch schöner und hilfreicher finde als den Chäschüeli-Satz von oben. Ich übersetze ihn Wort für Wort: «Hat etwa jemand jemandem etwas manchmal gegeben?» Wenn Sie diese Wörter in einer Unterhaltung auf Schwiizertüütsch heraushören können, sind Sie bereits einen grossen Schritt weiter. Ich erläutere jedes dieser Wörter einzeln mit einem Beispielsatz:

Hochdeutsch	Schwiizertüütsch	Beispielsatz (Bemerkung)
jemand, jemandem	öpper(t), öpperem	Hät öpper Hunger?
etwa	öppe	Isch das öppe gloge?
etwas	öppis	Häsch öppis vom Kurt ghöört?
oft, öfter, manchmal	öppedie	Ich gang öppedie ins Kino.
geben/gegeben	gää/ggää	Sie hät mir kei Uskunft chönne gää./Er hät nüüt welle gää.

In den vorangegangen Kapiteln hatte ich bereits weitere wichtige schweizerdeutsche Wörter und Ausdrücke nach Themen geordnet aufgelistet. Insgesamt sind es etwa 250 Wörter, die Sie im Kapitel 21 wie Vokabeln lernen oder mit der Zeit aus dem Zusammenhang verstehen lernen können, wenn Sie sich einigermassen in der Schweiz zuhause fühlen wollen. Im Sachwörter-Index (Kapitel 22) kommen noch einige Spezialausdrücke und ihre Erklärungen hinzu.

h) Schweizer Vornamen

In der Deutschschweiz gibt es einige Vornamen, die in Deutschland unbekannt sind:

Vorname	Bedeutung
Beat	von Beatus, die männliche Form von Beate
Reto	der Rätoromane oder Räter aus den Bergen
Urs	die männliche Form von Ursula (lateinisch: Ursus = der Bär)
Meinrad	Name des Mönchs und Einsiedlers, zu dessen Ehren das Kloster Einsiedeln erbaut wurde. Nicht zu verwechseln mit dem deutschen Vornamen Meinhard.
Renato	männliche Form von Renate (von Italienisch renato = wiedergeboren)
Gian	im Rätoromanischen verbreitet
Men	im Rätoromanischen verbreitet
Walo	aus dem Altdeutschen
Sämu	Samuel (besonders im Berndeutschen verbreitet)
Vreni	Kurzform von Verena

Zum Schluss einige Spezialausdrücke und Redewendungen: «chaibä» und «(uu-)hu-ëre» verstärken ein Adjektiv oder Adverb wie im Hochdeutschen «sehr» und «echt». Beispiele: «De Reto von Arx hät hüt chaibä guet gschpillt.» oder «Es isch mir hu-ëre schlächt gange», was noch getoppt wird mit «Es isch mir uuuhu-ëre schlächt gange.» Wenn etwas besonders toll war, kann man schon mal «Das isch huere geil gsii» hören. Und «En schlächter Chaib» ist ein schlechter Kerl, was mich zu weiteren Schimpfwörtern bringt. «Lööl» oder «Löli» bedeutet Dummkopf. Dazu fällt mir folgende kleine Geschichte ein: Mein langjähriger Arbeitskollege bei IBM, der Nobelpreisträger Heinrich Rohrer, hat sich immer wieder darüber echauffiert, dass die Japaner die r als l aussprechen, obwohl sie bei Arigato (= danke) oder Hiroshima (die Atombomben-Stadt) das r durchaus beherrschen. Mein Kollege wurde aber in Japan stets als Doktel Lohlel angesprochen, was wie Löli klingt und natürlich für Schweizer Ohren eine Frechheit ist.

Ganz leicht kommt den Schweizern «Tubel» über die Lippen, was so viel wie Blödmann oder Dummkopf heisst und immer wieder im Strassenverkehr zu hören ist: «So en Tubel!». Ein oft gehörter Fluch ist auch «Gopfriedschtutz» oder einfach «Gopf». Es gibt dafür verschiedene Erklärungen. Mir gefällt diese am besten: Auf dem rosa Zehnfranken-Schein, der noch im Umlauf war, als ich 1977 in die Schweiz kam, war Gottfried Keller, der bekannte Autor von «Kleider machen Leute» und «Die Leute von Seldwyla» porträtiert. Mit einem Stutz ist in der Schweiz ein Franken gemeint, so dass 10 Franken zu Gottfried Stutz wurden, die sich zu diesem Fluch entwickelten, weil oft die Münzen fehlten und dieser Schein dann klein gemacht werden musste. Andere Münzbezeichnungen sind «dä Füüfliber» oder «dä Schnägg» für 5 Franken und «dä Füüfer» für 5 Rappen.

Hier schliesst sich die schöne Redewendung an: «Er wott dä Füüfer und s Weggli». Ein Weggli ist ein frisches Weissbrötchen, welches früher fünf Rappen kostete. Sagt einer also, dass er «de Füüfer und s Weggli» will, heisst das, er würde gerne beides haben, obwohl er zugunsten des einen auf das andere verzichten muss. Politiker lieben diesen Spruch, z.B. im Zusammenhang mit dem Flughafen Zürich. Jeder will mit dem Flugzeug verreisen, aber keiner will den Fluglärm bei sich haben. Man kann also nicht «dä Füüfer und s Weggli haa».

Weitere Redewendungen und Spezialausdrücke:

Redewendung / Spezialausdruck	Bedeutung/ Beispielsatz
allfällig	nötig
preichen	(an-) treffen, passen (Das Gewitter hät eus voll preicht.)
draus kommen/drus cho	verstehen, kapieren; «Bi dä Ufgab chumm ich nöd drus.»
Puff; einpuffen	Unordnung; einräumen; «Häsch diis Züüg scho iipuffet?», «Das isch es hu-ëre Puff da!»
Chapeau!	Hut ab! Alle Achtung (Französisch: chapeau=Hut))
Da hauts mir dä Nuggi use.	Das bringt das Fass zum Überlaufen./Jetzt reicht es mir.
nota bene	lateinisch: wohl gemerkt / beachte gut
guet Nacht am sächsi.	da sehe ich aber schwarz / das will ich nicht glauben
gohts eigentlich no?	Was fällt dir ein? Wie kommst du dazu?
da isch mir grad der Lade abe	das hat mich sehr erstaunt; ich konnte es nicht fassen
jetzt isch der Zwänzger abe	jetzt ist der Groschen gefallen
dä Späck durs Muul zie	etwas interessant machen
Das nimmt mich Wunder.	Das will ich wissen. Das macht mich neugierig.
gwundrig sein	neugierig sein
tipptopp	sehr gut; «Diin Vortrag isch tipptopp gsii.»
handkehrum	andererseits, so oder so, plötzlich
blutt; blüttle	nackt; nackt baden oder sonnen
schwär wie-n-ä Moore	schwer wie eine Sau

näbe dä Schueh schtah	von der Rolle sein
en Schue voll useziehe	ins Fettnäpfchen treten
Hans wie Heiri	egal, so oder so; «Für mich isch das Hans wie Heiri.»
über die Bücher gehen	überdenken, von Vorne beginnen
auf eine Vorlage eintreten	auf Antrag eine Lesung durchführen
Häsch dä Plausch ghaa?	Hat es dir gefallen?
mängisch	manchmal, öfter; «Ich bin scho mängisch da gsii.»
nahdisnaa (eher Bd)	nach und nach
juflä	hetzen, sich beeilen
(abe-) lampe	(herunter-) hängen
Lämpe	Ärger, Stress
Hegel	Sackmesser (auch Bursche; speziell der Züri-Hegel)
Giel (Zd), Gie-u (Bd)	Bursche, Jüngling
giggerig	erregend, anmachend, geil; «Du machsch mich giggerig.»
en glatte Siech	ein lustiger Vogel/ein prima Kerl
Fertig luschtig!	Jetzt aber Schluss!
hu-ëre glatt	echt gut, super
en suure Schtei mache	eine schlechte oder böse Miene machen, einen Flunsch ziehen
Mais	Ärger, Stress; auch Lärm„Sie hät wider en hu-ëre Mais ghaa»; «Er hätt total Mais gmacht»

19. Das ist von Kanton zu Kanton verschieden

Inzwischen ist Ihnen sicher klar geworden, dass die Schweiz ein sehr vielschichtiges Land auf relativ kleinem Raum ist. Sie selbst bezeichnet sich als Willensnation, in der die Menschen trotz verschiedener Sprachen, Konfessionen und Kulturen freiwillig zusammenleben. Das steht im Gegensatz zu den Nationen, die sich durch eine gemeinsame Sprache, Kultur oder besondere geografische Umstände definieren oder historisch so entstanden sind.

In Kapitel 3 hatte ich die Sprachregionen sehr grob auf die Anzahl sechs reduziert, tatsächlich gibt es aber unzählige Nuancen in den Dialekten. Jede Stadt, jedes Dorf, jedes Tal kann mit einem eigenen Dialekt aufwarten. Auch in Zürich wissen die Einheimischen sofort, ob jemand vom Zürichberg kommt oder in Aussersihl aufgewachsen ist. Diese Identifikation über einen Dialekt mit der dazugehörigen geografischen Herkunft bleibt einem Schweizer, einer Schweizerin ein Leben lang erhalten. Ein Basler, Berner, Freiburger, St. Galler oder Walliser bleibt immer ein solcher, auch wenn er schon seit Jahrzehnten anderswo lebt und wohnt.

Ein Berner würde in Zürich nie sagen «Hier bei uns in Zürich ist das so und so.» Die Zürcher würden ihn auch schräg anschauen, wenn er das täte. Das gilt für alle Fremde-Einheimische-Kombinationen in der Schweiz. Dies steht im krassen Gegensatz zu Deutschland, wo ein Norddeutscher, den es nach München verschlagen hat, durchaus sagen würde: «Bei uns in Bayern machen wir das aber so.» Das hängt vermutlich mit den grossen Umwälzungen nach dem Zweiten Weltkrieg zusammen, als sich grosse Flüchtlingsströme nach Westdeutschland aufmachten, um dort eine neue Bleibe zu finden. Die neuen Mitbewohner waren von ihrer Heimat und ihren

Traditionen entwurzelt und wollten sich möglichst schnell mit der neuen Umgebung identifizieren. Allein durch die grosse Menge der Neuankömmlinge konnte sich die ansässige Bevölkerung gar nicht abgrenzen, sondern musste und wollte akzeptieren, dass die Neuen sich bald als Einheimische fühlten. Diese Entwicklung wurde durch die Schaffung neuer Bundesländer – viele mit Doppelnamen – unterstützt, mit denen sich ihre Bewohner neu identifizierten.

In der Schweiz bleibt ein Basler ein Basler, ein Zürcher ein Zürcher und ein Ausländer ein Ausländer. Selbst die Ausländer, die nach mindestens 12 Jahren Aufenthalt im selben Kanton das schweizerische Bürgerrecht erwerben können und dann auch erwerben, sind noch lange keine echten Schweizer. Despektierlich werden sie «Papierli-Schweizer» genannt, sie haben zwar den roten Pass («das Papierli»), werden aber weiterhin als Ausländer wahrgenommen. Erst die nächste Generation kann dann diesen Makel ablegen. Ein sichtbarer Hinweis auf die Einbürgerungspolitik: In Zeitungsberichten über Straftaten wird jeweils die Nationalität der Straffälligen genannt. Und da heisst es dann auch schon mal: «Der Täter war ein Schweizer… mit Migrationshintergrund.»

Neben den sprachlichen Unterschieden zwischen den Kantonen, Regionen und Talschaften gibt es unzählige weitere Spezialitäten, die das Leben in der Schweiz so abwechslungsreich und interessant machen. Folgende Geschichte illustriert das trefflich: Es sitzen drei Buben aus Deutschland, Frankreich und der Schweiz zusammen und unterhalten sich darüber, wo die Babys herkommen. Sagt der deutsche Junge: «Bei uns bringt der Klapperstorch die Babys.» Da meint der französische Knabe: «In Frankreisch 'at das etwas mit Erotique zu tun.» Darauf der Schweizer: «Und bei uns ist das von Kanton zu Kanton verschieden.»

Einige dieser kantonalen Verschiedenheiten präsentiere ich jetzt aus meiner ganz persönlichen Erfahrung:

a) Zürich – Stadt und Kanton

Mit fast 400 000 Einwohnerinnen und Einwohnern ist Zürich die grösste Stadt der Schweiz. An den Rändern Zürichs geht die Stadt nahtlos in die Agglomerationsgemeinden über, sodass inklusive See-Gemeinden und den Gemeinden im Limmat- und Glatttal oft vom Millionen-Zürich gesprochen wird. Durch Zürich fliessen zwei Flüsse, die Limmat als Abfluss des Zürichsees, die nahe der deutschen Grenze in die Aare mündet, und die Sihl, die in der Region Einsiedeln entspringt und sich hinter dem Zürcher Hauptbahnhof mit der Limmat vereinigt. Das Grossmünster mit den Doppeltürmen ist Zürichs Wahrzeichen und war die Wirkungsstätte Huldrych Zwinglis, eines Zeitgenossen Martin Luthers, der in der Deutschschweiz die Reformation in einer puritanischeren Ausprägung vorangetrieben hat. Auf der anderen Seite der Limmat steht die Fraumünsterkirche mit den fünf berühmten Chagall-Fenstern, die es sonst in ähnlicher Form nur noch in der Kirche St. Stephan in Mainz zu sehen gibt. Die dritte markante Kirche in Seenähe ist St. Peter mit dem grössten Turmuhren-Zifferblatt Europas. Diese Uhr erlaubt es den Fischern und Seglern bis heute, die Uhrzeit vom See her abzulesen.

Zu St. Peter gibt es die wunderbare Anekdote, wie im vorletzten Jahrhundert ein Reisender von Zürich nach Winterthur wanderte und auf dem Zürichberg einen Bauern beim Melken seiner Kuh nach der Zeit fragte. Der Bauer nahm den Euter der Kuh, wog ihn in der Hand hin und her und antwortete: «Genau 13 Minuten vor 7, mein Herr.» «Ja, hu-ère Siech! Können Sie am Gewicht des Euters die Uhrzeit so genau bestimmen?» «Nein, mein Herr, aber wenn ich den Euter anhebe, sehe ich da hinten St. Peter!»

Die Stadtzürcher gelten im Rest der Schweiz als arrogant. Ähnlich wie die Deutschen reden sie vermeintlich zu schnell und zu viel. Mit der berüchtigten «Züri-Schnurre» probiert der Zürcher seine Mitmenschen «vollzulabern», die sich dafür mit der Abkürzung

«Ziemlich Hohl» für das Autokennzeichen ZH für den Kanton Zürich revanchieren. Wer durch die Zürcher Bahnhofstrasse läuft, dem fällt zunächst auf, dass die entgegenkommenden Passanten keinen Blickkontakt aufnehmen, was z.b. in Bern oder Basel ganz anders ist. Dieses als arrogant taxierte Verhalten stimmt so gar nicht, denn die Zürcher haben ihre Gegenüber bereits lang zuvor abgemustert – ich schätze aus 15 bis 20 Meter Entfernung. Wenn sie dann in die Reichweite kommen, in der normale Menschen Blickkontakt haben, ist der Zürcher schon wieder 15 bis 20 Meter weiter vorne. Das hängt mit der Schnelligkeit und Hektik zusammen, die in Zürich so ausgeprägt wie in keiner anderen schweizerischen Stadt ist. Wer hier nicht spurt und immer die Lücke oder Chance weiter vorne sucht, der wird unweigerlich anecken und herumgeschubst werden. In den morgendlichen Stosszeiten kann einem da manchmal angst und bange werden.

In den internationalen Umfragen wird Zürich immer wieder auf die ersten Plätze betreffend Lebensqualität, Verdienstmöglichkeiten, Verkehrsanbindung, internationales Image usw. gewählt. Als Stadt der Banken, Versicherungen und Juweliere legen ihre Einwohner Wert auf gute Kleidung, gutes Essen und gute kulturelle Angebote. Es sind auch diese Äusserlichkeiten, welche die Zürcher zuerst bei ihrem Gegenüber abchecken. Bereits die Eltern bringen ihren Töchtern bei, bei einer neuen Bekanntschaft besonders auf die Schuhe achten, denn das ist das einzige Kleidungsstück, das nicht ausgeliehen werden kann und damit wirklich etwas über seinen Besitzer aussagt. Diesen Tipp gebe ich hier all den jungen Herren, die meinen, in Turnschuhen, Sandalen oder ausgelatschten Schuhen eine nette Zürcherin beeindrucken zu können.

Die gute Verkehrsanbindung bezieht sich hauptsächlich auf den Flughafen Zürich-Kloten (der auch von vielen Süddeutschen benutzt wird), der innerhalb von 10 bis 13 Minuten vom Hauptbahnhof (abgekürzt HB und nicht Hbf) Zürich erreicht wird. Von hier aus führen Direktflüge in die ganze Welt. Seit Jahren schwelt ein Streit zwischen Deutschland und der Schweiz, nachdem die Südbadener Dörfer wegen der Lärmbelästigung durchgesetzt haben, dass morgens bis 9 Uhr und abends ab 21 Uhr der Flughafen von Süden her angeflogen werden muss, also über den Zürichsee und die dicht besiedelte Stadt Zürich hinweg. So leiden jetzt Hunderttausende unter Fluglärm statt wenige Tausende.

Auch die Zugverbindungen sind von Zürich aus erstklassig. Innerhalb von vier bis fünf Stunden kann man von hier aus Mailand, München und Paris erreichen. Zu bestimmten Zeiten warten im Hauptbahnhof Zürichs der deutsche ICE, der französische TGV, der Intercity nach Mailand (früher: Cisalpino) und der spanische Talgo gleichzeitig auf ihre Abfahrt. Wichtiger für die Einheimischen ist jedoch die hervorragende Anbindung der Agglomerationsgemeinden durch die Zürcher S-Bahnen, die praktisch in jede Richtung im 15- bis 30-Minuten-Takt fahren. Schon fast wie eine S-Bahn ist der Halbstundentakt der Schnellzüge in die umliegenden Zentren: Bern, Basel, Luzern und St. Gallen (Fahrzeit jeweils etwa eine Stunde).

Zürichsee

Das absolute Nonplusultra Zürichs ist sein See. Mit einer Länge von etwa 42 und einer maximalen Breite von fast 4 Kilometern zieht er sich bananenförmig von Zürich bis in die Voralpen der angrenzenden Kantone St. Gallen und Schwyz. Bei einem Drittel der Seelänge quert die Autofähre Horgen–Meilen regelmässig und in 15 Minuten den See. Bei zwei Dritteln der Seelänge verbindet ein Damm das Städtchen Rapperswil mit dem schwyzerischen Pfäffikon, das zur steuergünstigen Gemeinde Freienbach gehört. Beim Seedamm ist auch die Ufnau, die grösste Insel der Schweiz, auf der es Besiedlungsnachweise aus prähistorischer Zeit, der Römerzeit und dem 8. Jahrhundert gibt, als die heutige St. Martinskapelle errichtet wurde. Die S-Bahn-Billette gelten auch auf den Schiffen des Zürichsees, von denen die Dampfschiffe **«Stadt Zürich»** (Baujahr 1909) und die **«Stadt Rapperswil»** (1914) besondere Attraktionen sind.

Der Seeteil östlich des Damms ist der Obersee. Hier sind die Ufer noch natürlich und ländlich geprägt, was im wohltuenden Gegensatz zum unteren Zürichsee steht, der doch sehr verbaut wurde. Die rechtsseitige Seeseite bei Zürich heisst **Goldküste**, weil hier abends die Sonne noch lange scheint und dort die wohlhabenden Zürcher darum ihre Villen hingebaut haben, die in der Abendsonne golden erstrahlen. Die gegenüberliegende Seeseite wird despektierlich «Pfnüselküste» genannt. Hier gibt es keine Abendsonne und darum wohl mehr Pfnüsel (Schnupfen). Folgt man jedoch dieser Küste in Richtung Alpen, landet man rasch im Kanton Schwyz, der wegen der tiefen Steuern immer mehr Zürcher, Schweizer und Ausländer anlockt, speziell die Superreichen. Immer öfter fällt im dem Zusammenhang dann der Ausdruck «Diamantküste» für diesen Teil des Seeufers.

Im Sommer wird der See bis zu 25 °C warm. Mit Schwimmen, Rudern, Segeln, Tretbootfahren, sich in den Seebadeanstalten sonnen oder in den bekannten Seerestaurants Egli-Filets essen und einen Wein trinken bedeuten Freizeitgestaltung mit hoher Lebensqualität.

Sechseläuten

Es gibt zwei typische Festtage in Zürich: Das Sechseläuten (Sächsilüüte) findet am dritten Montag im April statt. Es ist ein Frühlingsfest, bei dem die Zünfte (also die Handwerker-Innungen) einen Umzug durch die Innenstadt veranstalten. Den Umzug gehen nur die Männer in historischen Kostümen mit, während ihre Frauen und Kinder zusammen mit vielen Zuschauern am Strassenrand stehen und Blumensträusse verteilen. Auf Einladungen der einzelnen Zünfte läuft auch sehr viel nationale Prominenz – inklusive Bundesräte – mit. Alle Teilnehmer sind mittelalterlich verkleidet, entsprechend der Zunft, zu der sie gehören. Natürlich sind die meisten Zünfter nicht mehr im angestammten Handwerk tätig, sondern arbeiten als Banker, Unternehmer, Politiker usw.

Am Ende des Umzug finden sich alle Teilnehmer auf dem Sechseläuten-Platz ein, auf dem ein grosser Scheiterhaufen mit einem Schneemann aufgeschichtet ist. Die Kämbel-Zunft darf um den Scheiterhaufen herumreiten, der um Punkt 18 Uhr angezündet wird. Die Dauer, bis der letzte Kanonendonner im Kopf des Schneemanns – Böögg genannt – explodiert, ist ein Mass dafür, ob bald der Sommer in Zürich und Umgebung einzieht und wie schön er wird. Eine Brenndauer von 15 Minuten ist neutral, alles darüber bedeutet, dass der Winter weiterhin sein Zepter schwingt und der Frühling auf sich warten lässt. In Zürich und Umgebung gilt Sechseläuten als Feiertag, d.h. die Firmen und Geschäfte gewähren ihren Mitarbeitern einen ganzen freien Tag oder zumindest einen freien Nachmittag. Die eigentlichen Feiern finden in geschlossenen Gesellschaften in den Zunfthäusern statt, zu denen Fremde kaum Zutritt haben. Die Zürcher feiern unter sich. Zum Sechseläuten gehört auch der Kinderumzug am Sonntag, an dem Mädchen und Jungen in mittelalterlicher Verkleidung durch die Stadt ziehen.

Knabenschiessen

Das zweite jährliche grosse Zürcher Fest heisst Knabenschiessen und findet Mitte September über ein Wochenende inklusive Montag statt, der wiederum ein ganzer respektive halber Feiertag ist. Das Fest ist eine grosse Kirmes auf dem Albisgüetli unterhalb des Üetlibergs, bei der gleichzeitig unter Anleitung von Profischützen der Schützenkönig oder die Schützenkönigin Zürichs unter 3000 bis 4000 teilnehmenden Knaben und Mädchen aus dem Kanton Zürich im Alter von 13 bis 17 Jahren mit Armee-Sturmgewehren ausgeschossen wird. Aus der Zeit, als nur Knaben zugelassen waren, stammt der traditionelle Namen dieses Festes.

Im August hat sich die Streetparade als grösste Techno-Party der Welt etabliert, nachdem die Love Parade in Berlin aufgeben musste. Dieser «Karneval im Sommer» lockt die Fans aus ganz Europa an. Rings um das Seebecken wird auf etwa 20 sogenannten Love Mobiles Techno-Musik gespielt, und bis zu 1 Million schrill verkleidete Techno-Freaks tanzen dazu ab.

Opernhaus, ETH, NZZ, Fussball- und Eishockey-Clubs

Das Opernhaus, das Schauspielhaus und die Tonhalle begründen Zürichs Ruf als Kulturstadt auf Weltklasse-Niveau. Die Eidgenössische Technische Hochschule (ETH) und die Universität Zürich machen Zürich auch zu einer beliebten Studentenstadt. Viele Grössen haben hier studiert, gelehrt und geforscht, und überproportional viele Nobelpreise geben Zürich ein hohes wissenschaftliches Renommee. Die «Neue Zürcher Zeitung» wird international gelesen und beachtet.

Zwei Fussballvereine, der FC Zürich als Verein des Volkes und die Grasshoppers als etwas elitärer Verein, bieten unterhaltsamen Fussball, aber richtig spannend wird es im Eishockey, wo die ZSC Lions als Stadtclub und die Kloten Flyers aus der Flughafenstadt in der höchsten Schweizer Liga, der Nationalliga A, spielen. Auch in den europäischen Wettbewerben sind die Schweizer Eishockeyclubs ein Grösse, so wurden z.b. die ZSC Lions 2009 Champions League Sieger.

Zürcher Kalbs- oder Lebergeschnetzeltes ist im ganzen Kanton Zürich eine empfehlenswerte Spezialität. Als Vorspeise bietet sich Nüsslisalat oder Moschtbröckli an, und zum Dessert ein Coupe Dänemark oder ein Caramelköpfli. Dazu geniesst man am besten einen leichten Weiss- oder Rotwein aus dem Kanton. Auch die einheimischen Fischgerichte, vom Egli-Filet über Zander bis Hecht, sind ausgezeichnet. Zur Weihnachtszeit gibt es Tirggel, ein spezielles Hartgebäck mit Honig, auf das wie beim Spekulatius Bildmotive geformt werden.

Redewendung / Spezialausdruck	Bedeutung / Beispielsatz
Züri-Geschnetzeltes	Kalb- oder Leberstückchen mit Champignons in einer Sahnesauce.
Egli	Barsch (Egli werden gebacken, gebraten oder in Bierteig als Fisch-Chnuschperli gegessen.)
Nüsslisalat	Feldsalat (eine Schweizer Spezialität im Winterhalbjahr mit gehacktem Ei und Zwiebeln; hat nichts mit Nüssen zu tun.)
Moschtbröckli	Geräuchertes und getrocknetes Rindfleisch, das in dünnen Scheiben als Vorspeise serviert wird.
Coupe Dänemark	Ein Eisbecher mit Vanilleeis, Schlagrahm und heisser Schokoladensauce.
Caramelköpfli	Vanillepudding mit Karamell-Sauce.
Hüppen	mit Vanille-, Haselnuss- oder Mokka-Creme gefüllte, gerollte Waffeln, sehr lecker.
Tirggel	Ein Hartgebäck mit Honig.
Züri-Schnurre	Das lose Mundwerk der Zürcher aus Sicht der anderen.
Hegel	Taschenmesser
scharren	flirten; «Ich bin bi ihre gsii go scharre.»
Züri-Hegel	(im übertragenen Sinn: Bursche)
Pedalo	Tretboot
Böögg (gesprochen Böök)	der Schneemann auf dem Scheiterhaufen beim Sechseläuten

b) Bern – Stadt und Kanton

Als ich 1977 in die Schweiz kam, um an der ETH Zürich zu doktorieren, hatten mich Freunde und Bekannte vorgewarnt, dass ich in der Schweiz schwer Anschluss finden würde und mich auf eine einsame Zeit einstellen müsste. Bereits am zweiten Donnerstag reisten wir damals nach Bern, um an einer wissenschaftlichen Tagung an der Universität teilzunehmen. Die Altstadt mit der Aare-Schleife und den überdachten Trottoirs (Schweizerdeutsch für Bürgersteige) – offiziell heissen sie Lauben – und den vielen kleinen Geschäften oben und unten gefielen mir auf Anhieb. Während der Tagung lernte ich Schweizer aus den Nähe von Biel kennen, die mich spontan einluden, mit ihnen das Wochenende in ihrer Wohngemeinschaft zu verbringen, was ich auch tat. Sie zeigten mir Biel, den Bielersee und erklärten mir insbesondere den damals virulenten Jura-Konflikt, bei dem die Separatisten auch nicht vor Sprengstoffanschlägen in der Stadt Bern zurückschreckten.

Entgegen meiner Erwartung wurde ich als Deutscher also von mir gänzlich unbekannten Schweizern sehr herzlich aufgenommen. Natürlich habe ich später auch die andere, abweisende Haltung vieler Einheimischer angetroffen, aber jedes Mal, wenn ich nach Bern komme, denke ich an dieses für mich prägende positive Erlebnis zurück.

Die meisten Deutschen verbinden mit Bern ihren Gewinn der ersten Fussballweltmeisterschaft, das «Wunder von Bern». Das entscheidende Tor schoss Helmut Rahn 1954 im legendären Wankdorf-Stadion. Das Stadion gibt es heute noch an der gleichen Stelle direkt nach der Autobahnausfahrt Bern-Wankdorf. Im Volksmund wird es auch immer noch sogenannt, obwohl es 2001 vollständig abgerissen und 2005 durch einen multifunktionalen Neubau mit einer Kapazität von 32 000 Sitzplätzen ersetzt wurde, der in Anlehnung an das Stade de France in Paris in meinen Augen etwas einfallslos Stade de Suisse getauft wurde.

Bern ist die Bundeshauptstadt der Schweiz, obwohl die Stadt mit 130 000 Einwohnern nach Zürich, Genf und Basel erst an vierter Stelle kommt. Hier steht das Parlament, die Nationalbank und als Wahrzeichen das Berner Münster. Berühmt ist auch der Bärengraben mit den lebenden Bären, die der Stadt der Legende nach ihren Namen gaben. Im Vergleich zu Zürich fallen die alternativen Verkehrsmittel (Elektroautos, Elektro-Bikes), zum Teil versprayte Fassaden und allgemein die alternative Szene auf. Die Berner gelten im Rest der Schweiz als behäbig und langsam. Ihr schönes Bärntüütsch sprechen sie auch ausgesprochen langsam. Zur Verdeutlichung ein kleiner Witz: Treffen sich zwei Berner Freunde, einer hat ein Gipsbein. «Was ist passiert?» «Ich hatte einen Verkehrsunfall mit einer Schnecke.» «Bist du auf einer ausgerutscht?» «Au-wää. Ich stand am Trottoirrand, und die Schnecke kam von hinten.»

Wer wie ich viele Jahre zwischen Zürich und Bern gependelt ist, merkt den Unterschied zwischen den beiden Städten frappant: Hier das stressige Zürich, da das gemütliche Bern. Und man macht sich so seine Überlegungen über die Ursachen. Viele meinen, dass die Bankangestellten und Wirtschaftskader in Zürich durch die internationale Vernetzung gar nicht mehr zur Ruhe kommen und sich die Unruhe auf die ganze Stadt, besonders die Bahnhofstrasse und den Hauptbahnhof, überträgt. Die Berner Beamten und Behördenangestellten sind hingegen national ausgerichtet und machen pünktlich Feierabend. Am nächsten Morgen beginnt für sie ein neuer Tag. Meine nicht ganz ernst gemeinte Theorie dazu: Wenn im Sommer ein Zürcher über den See schwimmen will, also vom Mythenquai zum Utoquai, muss er sich ganz schön abstrampeln und am Schluss mit dem Tram zurückfahren, um seine Kleider zu holen. Die Berner hingegen können ihre Kleider in einem wasserdichten Sack verstauen und lassen sich damit ohne grosse Anstrengung durch die ganze Stadt die Aare hinabgleiten, z.b. vom Eichholz bis zum Marzili-Bad. Ein höchst empfehlenswertes Vergnügen übrigens, das zeigt, dass man in einer Stadt wie Bern auch vorankommt, wenn man nicht so strampelt, es also ganz gemütlich nimmt.

Ein besonderer Anlass in Bern ist der Zibelemärit (= Zwiebelmarkt) immer am vierten Montag im November. Ein Volksfest in der ganzen Stadt, an dem Zwiebeln in jeder Form (meist als geflochtene Zwiebelzöpfe) verkauft werden.

Berndeutsch ist für sich genommen schon recht anspruchsvoll für deutsche Ohren. Wegen der Nähe zum französischen Sprachraum werden auch viel mehr französische Ausdrücke wie Trottoir, Camion, Excusez, Boucherie usw. im Deutschen verwendet als in der Sprachregion I um Zürich herum. Aber dann gibt es dort noch ein Sprachphänomen, das Matte-Änglisch, welches im Berner Mattenquartier gesprochen wird. Auf dieses Wohnquartier schaut man von der Nydeggbrücke gleich hinter dem Bärengraben hinunter. Hier wurden auf den Flusswiesen (= Matten) der Aare vor ca. 150 Jahren die einfachen Leute einquartiert. Es ist nicht die beste Wohnlage, weil das Mattenquartier immer wieder überschwemmt wird, zuletzt sehr schlimm im August 2005. Die Gastarbeiter aus ganz Europa vermischten hier ihre Sprachen miteinander, woraus sich dann ein eigener Dialekt entwickelte, der dazu durch Silben-Vertauschen eine Art Geheimsprache der Matteler ergab. Heute haben sich aus dem Matten-Englisch, das mit der englischen Sprache nichts zu tun hat, einige Wörter ins Berndeutsch eingeschlichen. Ein bekanntes Beispiel ist: «e Ligu Lehm» (ein Stück Brot).

Wenn im Parlament Session ist, also der Nationalrat und der Ständerat drei Wochen tagen, was normalerweise viermal pro Jahr, aber bei Sondersessionen auch öfter der Fall ist, trifft man die Politprominenz der Schweiz inklusive der Bundesräte in den normalen Restaurants der Stadt. Sie essen dann Berner Röschti, vielleicht sogar mit Züri-Gschnätzeltem, im Herbst zum Dessert ein Vermicelles auf Meringues und im Winter eine Berner Platte. Natürlich ist auch ein Entrecôte mit Sauce Béarnaise zu empfehlen. Die lokale Küche ist durch ihre Nähe zur Westschweiz bereits sehr französisch ausgerichtet, auch sind viele Speisekarten in Französisch gehalten.

Der Kanton Bern reicht vom Jura im Norden bis tief in die Alpen hinein. Nach Graubünden ist er der zweitgrösste Kanton der Schweiz. Eiger, Mönch und Jungfrau (die beiden letzteren sind echte Viertausender, dafür hat der Eiger die berühmte Nordwand) sind die Wahrzeichen des Berner Oberlands. Die Fahrt mit der Jungfraubahn auf das Jungfraujoch, mit 3454 Metern der höchste Bahnhof Europas, ist wegen der atemberaubenden Aussicht auf Gletscher und Berge ein unvergessliches Erlebnis. Wen es nicht so hoch hinaufzieht, der kann bei Meiringen die Aare-Schlucht durchwandern und einen der höchsten Wasserfälle Europas bestaunen, an dem Sherlock Holmes in den fiktiven Tod stürzte.

Spezialausdruck	Bedeutung/Beispielsatz
Trottoir	Bürgersteig, Gehsteig
Lauben	Die überdachten Gehsteige in Bern.
Rösti, Röschti	Eine Art Kartoffelpuffer aus geraffelten rohen Kartoffeln.
Vermicelles	Eine leckere Nachspeise aus Marroni-Püree (Esskastanien), die mittels eines groben Siebs zu Würmchen (französisch: vermicelles) gepresst werden.
Marroni	Die Früchte des Marroni-Baums, der Esskastanie.
Meringues	Baisers (Ein weisses Schaumgebäck aus gezuckertem Eischnee, das in Meiringen im Berner Oberland erfunden wurde.)
Berner Platte	Schlachtplatte mit deftigen Fleisch- und Wurstsorten, die zu Ehren des Siegs gegen die Franzosen 1798 gegessen wird.
Boucherie	Metzgerei, Fleischerei (aus dem Französischen)
Boulangerie	Bäckerei (aus dem Französischen)
Müntschi	Kuss
Mütschli	Brötchen, Semmel
Tschou	das berndeutsche Tschüss

auwää	allerweil (Es klingt zwar wie «oh weh», ist aber ein Bindewort, das man ständig hört.)
auso	also (Die Andeutung in einem Gespräch, speziell Telefongespräch, dass dieses jetzt langsam zu Ende geht.)
gäng wie teufer gäng wie meh	immer tiefer (eine spezielle Steigerungsform im Berndeutschen)

c) Basel

Mit 170 000 Einwohnern ist Basel nach Zürich und Genf die drittgrösste Stadt der Schweiz. Sie liegt im Dreiländereck Deutschland-Frankreich-Schweiz auf beiden Seiten des Rheinknies. Hier ist das Zentrum der Chemie- und Pharma-Industrie mit den Weltkonzernen Novartis und Roche. Täglich pendeln Tausende von Grenzgängern in die Schweiz, um hier zu arbeiten. Die Landesgrenzen verlaufen teilweise durch die Stadt, die als trinationale Agglomeration immer weiter ins Elsass und Baden-Württembergische ausgreift und als Ganzes bis zu 750 000 Bewohner zählt. Der linksrheinische Teil Basels heisst Grossbasel, der rechtsrheinische Stadtteil Kleinbasel.

Basel ist auch verkehrtechnisch ein wichtiger Knotenpunkt in Europa mit einigen interessanten Besonderheiten: Der Rhein ist bis Basel schiffbar, d.h. der gesamte Schiffsgüterverkehr der Schweiz wird in Basel abgewickelt und von dort per Bahn oder Lastwagen weiterspediert. Für alle schweren Güter und Rohstoffe wie Zement, Sand, Öl und Container-Transporte hängt die Schweiz an der Nabelschnur Basel-Rotterdam. Dann betreibt die Deutsche Bahn in Kleinbasel den Badischen Bahnhof, der zolltechnisch deutsches Hoheitsgebiet ist. Immer wieder steigen Reisende versehentlich hier aus, obwohl sie erst im Bahnhof Basel SBB, also 5 Minuten Reisezeit später, aus- oder umsteigen müssten. Dort befindet sich auch der Bahnhof der französischen SNCF. Der Flughafen Basel-Mülhausen liegt ca. 10 Kilometer vom Stadtzentrum entfernt im Elsass und ist durch eine exterritoriale Strasse mit der Schweiz verbunden.

Die Basler zieht es zum guten Essen ins Elsass und zum Wandern und Langlaufen in den Jura und in den Schwarzwald. Die Schweiz liegt aus ihrer Sicht hintern den Bergen, das sind speziell die beiden Jura-Ausläufer Belchen und Bözberg, die im Winter verkehrstechnisch sehr garstig sein können. Auch die Alpen sind aus Basler Optik relativ weit weg und kommen für einen Kurztrip eher nicht in Frage. Keine Rivalität ist so gross wie die zwischen Basel und Zürich. Das spiegelt sich einerseits im Fussball wider, wo der FC Basel und der FC Zürich sich in der Meisterschaft abwechseln und höchstens von den Young Boys aus Bern noch gestört werden. Basler empfinden das Zürcher Sechseläuten als langweilige Prozession alter Männer, während die Zürcher die Basler Fasnacht mit ihren schrillen Pfeifen nur mit Ohrenpfropfen ertragen können. Richtig ist, dass Basel eine Industriestadt mit einer Arbeiterbevölkerung ist, während sich in Zürich überwiegend eine Dienstleistungsgesellschaft ausgebildet hat.

Steht ein Berufwechsel in die jeweils andere Stadt an, käme niemandem ein Umzug in den Sinn, sondern es wird täglich gependelt, was dank der halbstündlichen Zugverbindungen auch problemlos machbar ist. Verrät sich dennoch einmal ein Basler (Zürcher) in Zürich (Basel) mit seinem Dialekt, dauert es nicht lange, bis sich dumme Sprüche anhören muss. Das geht dann so: «Woran erkennt man am Flughafen-Kloten die Basler Zuschauer?» «Sie sind die einzigen, die den Flugzeugen Brot zuwerfen.» «Und woran erkennt man die Zürcher Piloten?» «Sie sind die einzigen, die es zu fangen versuchen.» So geht es Schlag auf Schlag weiter.

In Kapitel 3 hatte ich bei der Einteilung der Schweiz in die Sprachregionen bewusst Basel als geografisch nördlich des Jura liegende Sprachinsel in meinem einfachem Regelwerk (siehe Kapitel 18) ausgeklammert. Wer sich dennoch ins Baseldeutsche einhören will, kann die ersten 8 Regeln des Kapitels 18 auch in Basel anwenden, sollte aber neben vielen speziellen Ausdrücken (z.B. Buschi für Baby) auf drei typische Aussprache-Regeln achten: a) schriftdeut-

sche **ö** werden zu langen **ee** (Bsp.: scheen für schön); b) das **t** zu
Beginn eines Wortes wird zu einem weichen **d** (Bsp.: Trommel →
Drommel) und c) die Endsilbe **ich** wird zu **iik** (Bsp.: gefährlich →
gefährliik; ich → iik). Generell ist in Basel der Vokal **i** sehr promi-
nent zu hören. Baseldeutsch wird auch geschrieben, z.b. wenn die
Fasnachtsverse, Schnitzelbänke genannt, jedes Jahr in der «Neuen
Zürcher Zeitung» abgedruckt werden. Das gesprochene lange **ii**
wird dann als **y** geschrieben (Bsp.: Rhein → Rhy).

Basler Fasnacht
Der grösste Basler Festanlass sind die sogenannten «Drey
scheenschte Dääg», also die drei schönsten Tage des Jahres,
womit die Basler Fasnacht gemeint ist. Sie beginnt nach dem alten
julianischen Kalender eine Woche nach dem Rosenmontag morgens
um 4 Uhr mit dem Morgestraich und dauert exakt 72 Stunden
– bis Donnerstagmorgen. Sie ist streng reglementiert und nicht
vergleichbar mit dem katholischen rheinischen Karneval in Mainz,
Köln oder Düsseldorf, wo alle Jecken – ob verkleidet oder nicht
– auf der Strasse sind und viel Alkohol im Spiel ist. Die Basler
Fasnächtler folgen der alemannischen Fasnachtstradition, so wie
man sie in Deutschland auch in Rottweil kennt, das 90 km südlich
von Stuttgart liegt. Es geht eher um Mystisches, Geisterbeschwören,
Wintervertreiben und Necken und Foppen der Zuschauer, die nicht
selbst an den Umzügen teilnehmen (dürfen).

Es ist die einzige reformierte Fasnacht auf der ganzen Welt. Alle
Fasnächtler tragen Masken, auch Larven genannt, die zu einem
bestimmten Sujet (Thema) gehören, das die jeweiligen Pfeifer-
oder Trommlergruppen auszeichnet. Einheitliche Kostüme
unterscheiden die verschiedenen Gruppen. Die Laternen verbreiten
eine ganz spezielle Atmosphäre. Drei Tage lang wird dann in der
Basler Innenstadt ein ohrenbetäubendes Pfeif- und Trommelkonzert
veranstaltet, das man als Fremder nur kurz aushalten kann. Die
Basler auf der ganzen Welt jedoch werden am Wochenende vor dem

Morgenstraich total nervös. Wenn sie nicht doch noch im letzten Moment nach Basel reisen, telefonieren sie ohne Unterbruch mit ihren Basler Freunden und erklären, warum sie dieses Mal nicht dabei sein können. Hier bricht das Heimweh also voll durch.

In den Theatern und grösseren Sälen Basels finden die geschlossenen Veranstaltungen der Fasnachts-Cliquen statt, in denen die Schnitzelbänke vorgetragen werden. Schnitzelbänke sind eine Art Büttenreden in Reimform, in denen die lokale und schweizerische Politik aufs Korn genommen wird – und besonders die Zürcher.

Die Basler schätzen das gute Essen und den Wein sehr und haben sich aus der Elsässer, der französischen, der badischen und der schwäbischen Küche die besten Rezepte (und Weine) ausgesucht, sodass es keine eigentlichen Basler Spezialitäten gibt. Aber bei jedem Besuch in Basel lohnt es sich, ein paar Basler Läckerli als Souvenir mitzunehmen.

Spezialausdruck	Bedeutung/Beispielsatz
Bebbi	lieb gemeinter Spitzname der Basler in der Schweiz
Drämmli	Das Tram, auf das die Basler sehr stolz sind.
Zolli	Basler Zoo
Muba	die Basler Mustermesse, meist im Februar
Joggeli (gesprochen «Jockeli»)	Das St.-Jakob-Park-Fussballstadion ist mit knapp 39 000 Plätzen das grösste Fussballstadion der Schweiz.
Basler Läckerli	Eine Art Lebkuchen, die ganzjährig zu naschen sind.
Buschi	Baby
Schnitzelbank, Schnitzelbängg	eine Art Büttenrede in Versform, in der Missstände angeprangert und Politiker verulkt werden
Larve	Maske der Fasnächtler

d) Luzern und die Zentralschweiz

Das Pendant zur Basler Fasnacht im katholischen Sinne ist die Luzerner Fasnacht. Sie beginnt, wie man es auch in Deutschland gewohnt ist, am Schmutzigen Donnerstag, so heisst hier der Weiberfaschingsdonnerstag, der aber in der Schweiz von Männern und Frauen gleich gefeiert wird. Mit dem Urknall um 5 Uhr morgens, einem ohrenbetäubenden Donnerschlag, geht die Luzerner Fasnacht los. Unzählige Guggen bevölkern die Stadt und musizieren schräg, was das Zeug hält. Ähnlich wie in Basel tragen sie eher mystisch wirkende Masken und Kostüme. Statt Pfeifen spielen sie mit Blechinstrumenten, begleitet von Trommeln, bekannte Songs und Lieder, aber immer ein wenig falsch, was auch eine Kunst ist.

Luzern mit seinen fast 80 000 Einwohnern wird von der Reuss geteilt, die hier aus dem Vierwaldstättersee fliesst. Die Kapellbrücke ist das bekannteste Bauwerk der Stadt und verbindet die Neustadt mit der Altstadt. Im Jahr 1993 brannte sie ab, was zuerst als nationale Katastrophe wahrgenommen wurde. Als dann aber in den Stadtarchiven mehrere Brände der Brücke seit ihrer Erbauung festgestellt wurden, war klar, dass zwar die Brücke an sich schon sehr alt ist, aber während der Jahrhunderte schon mehrfach nach Bränden wieder aufgebaut werden musste.

Das moderne Image der Stadt Luzern wird vom Kultur- und Kongresszentrum Luzern (KKL) geprägt, das direkt am See neben dem Hauptbahnhof von Jean Nouvel erbaut wurde. Hier finden Klassikkonzerte von internationalem Weltformat statt. Die Akustik des Saals ist einzigartig, u.a. weil das Orchester in einem Fokus der ellipsenförmigen Anordnung spielt und ganz vom Publikum umgeben ist.

Verkehrshaus Luzern

Es gehört zum Pflichtprogramm von Schulen, mindestens einmal das Verkehrshaus in Luzern besucht zu haben. Sein Schwerpunkt ist zwar der Schienenverkehr, was der Bedeutung des öffentlichen Verkehrs in der Schweiz allgemein und der Erschliessung des Landes durch die Eisenbahnen durchaus gerecht wird. Wer alte Lokomotiven, von der ersten Zahnradbahn auf die Rigi bis zum berühmten Gotthard-Krokodil, anschauen, im Lokomotivführer-Simulator bestimmte Strecken abfahren oder detailgenaue Nachbildungen der Schweizer Berglandschaft mit ihren Bahnstrecken und fahrenden Zügen erleben möchte, ist hier bestens aufgehoben. Auch die diversen Antriebstechnologien werden anschaulich erklärt, so auch die Dampfmaschinen, die heute noch die fünf Raddampfer auf dem Vierwaldstättersee antreiben.

Der Name des Vierwaldstättersees bezieht sich auf die vier Waldstätten (heute Kantone) Uri, Schwyz, Unterwalden und Luzern, welche zusammen mit dem Kanton Zug die Zentralschweiz bilden. Auf Französisch heisst der See **Lac de Quatre Cantons** und besteht eigentlich aus drei Seen mit mehreren Buchten. Es sind dies das Vitznauer Becken mit den kreuzförmigen Ausbuchtungen bei Luzern und das Gersauer Becken, die beide in West-Ost-Richtung verlaufen. In Brunnen macht der See dann einen 90-Grad-Knick in den Urnersee, der von dort 11 km nach Süden in Richtung Gotthard zeigt und mit seinen steilen Uferwänden fjordartigen Charakter hat. Er ist bei den Wassersportlern gleichermassen beliebt wie gefürchtet. An normalen Sonnentagen bildet sich hier ein Talwind aus Norden, der mit 4 bis 5 Windstärken für Windsurfer und Segler gleichermassen interessant ist. Bricht jedoch der Föhn von Süden her ein, werden schnell 8 bis 11 Windstärken (Orkan) erreicht, die zudem sehr böig sind. Segelschiffe sind dann keine mehr zu sehen, nur noch wenige Surf-Cracks versuchen die hohen Wellen abzureiten.

Neben dem 2130 Meter hohen Pilatus, der von Luzern aus mit einer Standseilbahn und von Alpnachstad mit der steilsten Zahnradbahn der Welt erreicht wird, fällt besonders das Rigi-Massiv mit dem Rigi Kulm auf 1800 Meter auf, das quasi wie eine Insel zwischen

Vierwaldstättersee und Zugersee aufgetürmt ist. Es besteht im Gegensatz zum felsigen Pilatus aus Nagelfluh, einem gepressten Sedimentgestein mit vielen eingeschlossenen Versteinerungen. Zwei Zahnradbahnen von Goldau und Vitznau und drei Standseilbahnen von Weggis, Kräbel oberhalb Goldaus sowie von Brunnen aus erschliessen die Königin der Berge, die vor der eigentlichen Alpenkette liegt und darum einen Rundblick vom Berner Oberland bis in die österreichischen Alpen ermöglicht.

In Küssnacht am Rigi, genau im Ortsteil Immensee, ist die Hohle Gasse, durch die in Schillers Drama «Wilhelm Tell» Gessler, der Landvogt, kommen muss, und wo ihm Tell auflauert, um ihn zu ermorden. Diese Hohle Gasse ist der heute noch erhaltene alte Verbindungsweg zwischen dem Zuger- und dem Vierwaldstättersee, auf dem die Säumer die Ware zwischen den Seen mit Karren und Eseln transportieren mussten. Der normale Transportweg im Mittelalter führte mit Schiffen übers Wasser und nicht über Land, dazu waren die Strassen zu schlecht oder gar nicht existent. Selbst Goethe reiste 1786 auf seiner Italienreise per Schiff von Luzern nach Altdorf, dem Hauptort des Kantons Uri, wo der Legende nach Tell auf Geheiss Gesslers seinem Sohn einen Apfel vom Kopf schiessen musste.

Die Rigi und mit ihr Küssnacht gehören zum Kanton Schwyz. Ihm und seinem Hauptort Schwyz hat die ganze Schweiz ihren Namen zu verdanken. Der Ort liegt unterhalb des Grossen und des Kleinen Mythen (gesprochen Miiten), deren Gipfel zwar nicht mit Seilbahnen erreicht werden können wie jene von Rigi oder Pilatus, aber gute und schwindelfreie Wanderer können zumindest den Grossen Mythen problemlos ersteigen und die Aussicht auf 1900 Metern Höhe geniessen. Neben den Alpen sind von dort aus Jura, Vogesen, Schwarzwald und Schwäbische Alb zu sehen. Östlich der Mythen führt eine ausgebaute Passstrasse über den Sattel in den äusseren Kantonsteil von Schwyz, der dann bis an den oberen Zürichsee und

Obersee reicht. Auch Einsiedeln mit seinem weltbekannten Kloster und der Schwarzen Madonna sind in der Nähe und werden von Wallfahrern und Pilgern auf dem Jakobsweg besucht.

Die Schwyzer haben ihre eigenen Fasnachtsbräuche. Die Fasnacht beginnt mit dem Einschellen am 6. Januar, dem Heilig Dreikönigstag, wenn Treichler-Gruppen durch die Orte ziehen und mit den grossen Kuhglocken (Treicheln) weitherum einen eigentümlichen Klang verbreiten. Fenster und Balkone werden mit menschengrossen verkleideten Puppen bestückt, den Bööggen oder Butzis. Dazu gibt es leckeren Fasnachtskuchen.

Spezialausdruck	Bedeutung/Beispielsatz
Treichle	grosse Kuhglocke
Lozärner Urknall	Böllerschuss zu Beginn der Luzerner Fasnacht um 5 Uhr am Donnerstag vor Rosenmontag
Schmutzige Dunschtig	Der Donnerstag vor Rosenmontag; im rheinischen Karneval die Weiberfastnacht.
Güddelmäntig	Rosenmontag
Chlinä Zischtig	Faschingsdienstag
Uuslumpete, Uusleerete	Ende der Fasnacht in der Nacht auf Aschermittwoch.
Gugge-Musik	Musikkapelle (Bläser und Trommler), die kostümiert durch die Strassen ziehen und bekannte Lieder leicht falsch intonieren.
Bööggen und Butzi	Kostümierte, menschgrosse Puppen, die einzeln oder in Gruppen in der Fasnachtszeit am oberen Zürichsee, in der Linthebene und im Toggenburg auf Balkonen stehen, an Laternen lehnen oder auf Parkbänken sitzen.
Gümmel oder Gummel	so heisst die Kartoffel im Kanton Schwyz
Gümmeler	abschätzige Bezeichnung für die Bewohner des Kanton Schwyz

Zuger Kirschtorte	sehr leckerer Kuchen ohne Kirschen, dafür mit umso mehr Kirsch-Schnaps
Urkantone	Uri, Schwyz und Unterwalden, wobei sich Unterwalden als die beiden Halbkantone Obwalden und Nidwalden präsentiert. Ihre Vertreter gründeten 1291 mit dem Rütlischwur die Eidgenossenschaft.
Zentralschweiz	Die Urkantone plus die Kantone Luzern und Zug.

e) Fribourg / Freiburg

Die Stadt an der Saane, dem Röstigraben und der Sprachgrenze der Schweiz, heisst auf Französisch Fribourg, Schriftdeutsch Freiburg und auf Schwiizertüütsch Friiburg. Um es nicht mit dem deutschen **Freiburg im Breisgau** zu verwechseln, wird es auch **Freiburg im Üechtland** genannt. Zusammen mit Bern, Thun, Burgdorf und anderen Städten in Deutschland und in der Schweiz wurden beide Freiburg von den Zähringern gegründet, was ihnen ein ähnliches Erscheinungsbild gibt. Stadt und Kanton Fribourg zählen zur Westschweiz, also der Französisch sprechenden Schweiz, obwohl ein Drittel der Bewohner deutschsprechend ist.

Zwischen Bern und Fribourg herrscht eine alte Rivalität. Bei Eishockey-Spielen kann ein kleiner Fehlentscheid des Schiedsrichters das Fass zum Überlaufen bringen, und die beiden Fan-Gruppen liegen sich in den Haaren. Wenn es darauf ankommt, gibt es aber auch viel Solidarität, was auf den Grossbrand Berns 1405 zurückgeht, als die Fribourger den Bernern beim Wiederaufbau ihrer Stadt geholfen haben und dafür der Legende nach einmal im Jahr exklusiv ihre Zwiebeln in Bern verkaufen durften, woraus im Laufe der Zeit der Berner Zibelemärit entstanden sein soll.

Als Folge dieser Rivalität/Solidarität zwischen den beiden Städten existieren unzählige Geschichten und Witze übereinander, z.B. diesen Witz, der mit einem flatternden Arm erzählt werden muss:

«Warum fliegen über Fribourg alle Krähen im Kreis?» «Probier mal mit zugehaltener Nase geradeaus zu fliegen.» Das spielt auf Fribourg als Käsestadt und die entsprechenden Gerüche an. Tatsächlich ist der Hartkäse aus Gruyère/Greyerz im Kanton Fribourg einer der beliebtesten Käse der Schweiz und wird einfach überall Gruyère genannt. Eine zweite Spezialität ist der Vacherin, ein Halbhartkäse, der sich sehr gut für Fondue eignet.

Fribourg hat eine zweisprachige katholische Universität, an die es besonders die Studierenden aus der Zentralschweiz und aus dem Wallis zieht, obwohl Zürich für erstere geografisch viel näher liegt.

f) Solothurn
Die Stadt und der gleichnamige Kanton liegen am Südfuss des Jura-Gebirges an der Aare. Mit fast 17 000 Einwohnern ist die Stadt zwar klein, aber als Bischofssitz des Bistums Basel und wegen ihrer historischen Altstadt mit dem Dom strahlt ihre historische Bedeutung bis heute aus. Ihr französischer Name ist Soleure, und sie wird auch noch heute Ambassadoren-Stadt genannt. Mit Olten als wichtigem schweizerischem Verkehrsknotenpunkt und Grenchen als Hauptsitz der schweizerischen Uhrenindustrie präsentiert der Kanton zwei weitere bekannte Städte.

Die Kantone Fribourg und Solothurn wurden 1481 gleichzeitig in die Eidgenossenschaft aufgenommen, nachdem deswegen fast ein Bürgerkrieg ausgebrochen war, den aber Niklaus von der Flüe, ein Obwaldner Einsiedler, verhindern konnte.

Die Autobahn A1 St. Gallen-Zürich-Bern-Genf durchquert nur an kurzen Strecken den Kanton Solothurn, der mit dem Kanton Bern einen komplizierten Grenzverlauf hat. Mit an Sicherheit grenzender Wahrscheinlichkeit kontrolliert hier aber die Kantonspolizei Solothurn die Geschwindigkeit und verteilt schweizweit Bussen, was die Solothurner nicht gerade zu Sympathieträgern in der Schweiz macht.

g) Neuchâtel/Neuenburg

Dieser Kanton mit gleichnamigem Hauptort liegt am grössten ganz in der Schweiz liegenden See, dem Lac de Neuchâtel, auf Deutsch Neuenburgersee. Bodensee und Genfersee sind zwar grösser, gehören aber nur teilweise zur Schweiz. In den Hochtälern des Jura sind in der Umgebung von La Chaux-de-Fonds und Le Locle viele bekannte Uhrenmanufakturen beheimatet, die im Hochpreissegment erfolgreich sind. Daher kommt auch der Name Uhrenkanton. Aus deutscher Sicht ist erwähnenswert, dass bis 1806 der Kanton Neuenburg etwa 100 Jahre lang von Preussen beherrscht wurde, obwohl er gleichzeitig zur alten Eidgenossenschaft gehörte. Die Neuenburger gelten darum als die Preussen der Schweiz. Sie sind pflichtbewusste Staatsbürger, die im Laufe der Zeit überproportional viele Bundesräte, also Mitglieder der Schweizer Regierung, gestellt haben. Mit seiner nur französisch sprechenden Bevölkerung gehört der Kanton Neuchâtel zur Westschweiz. Der Hauptort hat 33 000 Einwohner.

h) St. Gallen und Glarus

In Deutschland ist St. Gallen mit der sehr renommierten Hochschule St. Gallen, abgekürzt HSG, bekannt. Hier können Betriebswirtschaft, Finanzwirtschaft usw. studiert, aber auch in MBA-Zusatzausbildungen vertieft werden. Moderne Management-Methoden und zahlreiche Massnahmen zur Bewältigung von Firmenkrisen, zum Aufbau von Marketing-Konzepten und zum Ausbau von Vertriebskanälen wurden hier entwickelt und gelehrt. Viele junge deutsche und schweizerische Führungskräfte zieht es darum nach St. Gallen.

Bis vor etwa 100 Jahren war St. Gallen die führende Textil- und Stickerei-Stadt Europas. Es gab tägliche direkte Zugverbindungen zwischen St. Gallen und Paris, wo die Couturiers die St. Galler Stoffe und Spitzen zu Kleidern verarbeiteten. Der Exportanteil der Stickereien betrug 1910 an die 20 Prozent aller schweizerischen Exporte, und der Weltmarktanteil lag bei 50 Prozent. Nach mehreren Krisen und durch die Mechanisierung der Stickerei und die Konkurrenzierung durch die aufstrebenden Märkte in Südostasien ist die Bedeutung der Stickerei stark gesunken, aber für St. Gallen immer noch ein wichtiger Wirtschaftszweig, genau wie für die Kantone Appenzell Innerrhoden und Ausserrhoden.

St. Gallen hat 75 000 Einwohner. Es liegt zwar nicht direkt am See, ist aber nur rund 20 Minuten vom Bodensee entfernt, wohin es viele St. Galler am Wochenende und in der Freizeit zieht. Ähnlich wie Basel liegt die Stadt an den Grenzen zu Österreich und Deutschland, und es ist ganz normal, für einen Restaurantbesuch oder zum Einkaufen schnell dorthin zu fahren. Wahrzeichen der Stadt sind die Klosteranlage mit der Stiftsbibliothek und das Alpsteinmassiv mit dem 2502 Meter hohen Säntis-Gipfel, auf den auch eine Luftseilbahn führt.

Auch im Kanton Glarus war die Textilindustrie führend, weil hier traditionell die Webereien, Spinnereien und Färbereien mit Hilfe der Wasserkraft der Linth Stoffe und Gewebe produzierten. Glarus erledigt seine politischen Geschäfte immer noch an der Landsgemeinde am 1. Maisonntag, wenn über 6000 stimmberechtigte Glarner und Glarnerinnen auf dem Landsgemeindeplatz in Glarus beraten und abstimmen. Der Landammann leitet die Landsgemeinde; er kann aber auch eine Frau sein. Zwei nahe Skigebiete gehören zum Kanton: Braunwald und Elm, wo auch die Elmer Citro herkommt.

Redewendung/ Spezialausdruck	Bedeutung
St. Galler Bratwurst	Eine Spezialität in verschiedenen Varianten, die aber alle ohne Senf oder Ketchup gegessen werden, weil die Würzung bereits in der Wurst enthalten ist. Die bekannteste Variante ist die Olma-Bratwurst, die an der Olma, der grössten Ostschweizer Messe, angeboten wird.

St. Galler Biber	Eine Art Lebkuchen mit Marzipanfüllung. Am Kiosk und in den Zügen der SBB erhältlich.
Ziger	Eine Glarner Käsequark-Spezialität ähnlich der italienischen Ricotta, deren typischer Geschmack durch die Beimischung von getrocknetem Steinklee entsteht.
Ziger-Schlitz (nicht Ziegenschlitz)	Bezeichnung für das Glarnerland, welches zwischen den bis zu 3000 Metern hohen Bergen eingeschlossen ist.
Glarner Pastetli	Leckere Süssspeise in zwei Varianten: mit Mandelfüllung oder mit Pflaumenfüllung.
zäche z.b. driizäche, achtzäche	die Zahl zehn (eine Eigenart des Glarnerdeutsch, der zehn in allen zusammengesetzten Zahlen ein *ch* einzubauen)
Kantoo; Motioo	Im Glarnerdeutsch wird das *n* am Wortende weggelassen.

i) Aargau und Thurgau

Diese beiden Kantone wirken zunächst etwas gesichtslos. Beide haben ihren Namen von den Flüssen, die durch sie fliessen. Durch den Aargau fliesst die Aare, die im Berner Oberland am Grimselpass entspringt. Sie durchfliesst nacheinander den Brienzer- und den Thunersee, die Hauptstadt Bern, den Bielersee, Solothurn und Olten, um im Aargau zuerst die Reuss und dann die Limmat aufzunehmen, bevor sie als sein grösster Nebenfluss beim deutschen Waldshut in den Rhein mündet. Der Aargau heisst darum auch Wasserkanton. Die Thur entspringt am Säntis im Kanton St. Gallen und fliesst das Toggenburg hinab durch den Thurgau, um im Kanton Zürich in den Rhein zu münden. Die Thur fliesst nicht durch Winterthur, wie man dem Stadtnamen nach vermuten könnte, der Fluss dort heisst Eulach.

Längs der Flüsse Rhein, Aare, Reuss und Limmat sind im Kanton Aargau diverse Flusskraftwerke in Betrieb. Hinzu kommen die

Kernkraftwerke Leibstadt am Rhein und Beznau an der Aare, was den Kanton zum grössten Energieversorger der Schweiz macht. An der Aare liegt auch das Paul-Scherrer Institut, das grösste Forschungsinstitut der Schweiz mit über 1200 Mitarbeitenden, sodass es vergleichbar ist mit den Kernforschungsinstituten Jülich und Karlsruhe in Deutschland. Der Hauptort des Aargau ist Aarau mit 20 000 Einwohnern. Aus dem Aargau stammt auch die leckere Rüeblitorte, die in der ganzen Deutschschweiz verbreitet ist.

Der Thurgau hingegen liegt am Bodenseeufer und ist eher ländlich geprägt. Wegen der vielen Obstplantagen und Mostereien hat er den Spitznamen «Moschtindie». Die geografische Form ähnelt Indien. Früher haben sich gerne Fahrende auf den Obstplantagen verdingt, die dem Thurgau einen zweifelhaften Ruf eingebracht haben. Frage: «Warum fahren im Thurgau die Eisenbahnen immer in Serpentinen, obwohl es gar keine Berge gibt?» Antwort: «Damit der Lokführer immer den letzten Wagen beobachten kann.» Mit anderen Worten, hier wurde früher sehr viel gestohlen, sodass selbst die Eisenbahnwagen nicht mehr sicher waren. Der Hauptort des Thurgau ist Frauenfeld mit 24 000 Einwohnern.

j) Graubünden
Der flächenmässig grösste Kanton der Schweiz ist Graubünden; er ist praktisch eine kleine Schweiz für sich. Schon die äussere geografische Form des Kantons erinnert an die Umrisse der Schweiz. Dann werden im Kanton ebenfalls mit Schweizerdeutsch, Rätoromanisch und Italienisch drei Sprachen gesprochen, die wiederum in einzelne Dialekte aufgeteilt werden können. Die Bezirke und Talschaften geniessen eine hohe Autonomie ähnlich den Kantonen in der ganzen Schweiz. Die Hauptstadt Chur mit heute 36 000 Einwohnern wurde von den Römern gegründet und gilt als älteste Stadt der Schweiz. Sie ist auch Bischofssitz. Mehrere Alpenpässe verbinden die Talschaften nördlich und südlich des Alpenhauptkamms. Die Rhätische Bahn mit einer Spurweite von

1 m (die Normalspur hat 1,435 m Weite) überquert spektakuläre Schluchten, fährt über Viadukte und durch Kehrtunnel und gibt dem Kanton als «Kleine Rote» eine Identität. Sie gehört seit dem Jahr 2008 zum Welterbe der UNESCO.

Mit den bekannten Sommer- und Winterdestinationen Davos, Klosters, St. Moritz, Arosa, Flims, Lenzerheide und vielen weiteren Orten ist Graubünden ein Touristik-Kanton par Excellence. Nur im Churer Rheintal gibt es auch Industrie. Mit dem Piz Bernina steht hier auch der einzige Viertausender der Ostalpen (4049 m), und mit dem Tinzenhorn (Corn da Tinizong am Julierpass, 3172 m) hat auch Graubünden sein Wahrzeichen, das fast wie das Matterhorn aussieht.

Aus deutscher Sicht ist interessant, dass in Graubünden der Rhein entspringt, der gemeinhin als deutscher Schicksalsfluss gilt. In der Schule wird noch gelehrt, dass der Rhein zwei Quellflüsse hat, den Vorder- und den Hinterrhein. Aber wer weiss schon, dass es einen Quellfluss aus Italien gibt, den **Reno di Lei**? Das ist auch der einzige Fluss Italiens, dessen Wasser nicht ins Mittelmeer fliesst. Die Existenz dieses Flusses ist ein Unikum der Grenzziehung zwischen der Schweiz und Italien. Es wurde Anfang des letzten Jahrhunderts ein Seitental übersehen und die Grenze von Kamm zu Kamm durchgezogen. Später konnte dieser Fehler nicht mehr korrigiert werden. Damit wird aber der Rhein erst recht zum echten europäischen Fluss.

Der Reno di Lei fliesst dann in den Averser Rhein, an dem das höchstgelegene, ganzjährig bewohnte Dorf Europas, Juf, auf über 2100 Meter liegt. Wer hier im Winter stirbt und auf dem Dorffriedhof begraben werden will, muss eingefroren werden, bis der Boden im Sommer wieder auftaut. Juf gilt als beliebtes, aber ambitiöses Ziel unter Velofahrern. Die höchstgelegene Stadt Europas ist übrigens Davos mit knapp 12 000 Einwohnern, die ebenfalls in Graubünden auf 1560 Metern liegt. Ihr internationales Renommee wird durch das jährlich im Januar stattfindende World Economic Forum (WEF) begründet, an dem sich zahlreiche Staats- und Wirtschaftsführer ein Stelldichein geben. Hier findet zudem seit 80 Jahren um den Jahreswechsel jährlich der Spengler-Cup statt, ein Eishockey-Turnier der besten Club-Mannschaften, das die Fans aus ganz Europa anzieht.

Neben dem Rhein entspringt auch der Inn in Graubünden, genauer im Engadin. Er fliesst anschliessend durch Österreich und Bayern, um bei Passau in die Donau zu münden, die dann ins Schwarze Meer fliesst. Der Rom im südbündnerischen Val Müstair wiederum mündet in die Etsch, die in die Adria fliesst. Der Kanton Graubünden liefert also sein Wasser in die Nordsee, das Schwarze Meer und ins Mittelmeer. Die drei grossen Wasserscheiden treffen sich am Lunghin-Pass oberhalb von Maloja im Oberengadin.

In den letzten Jahren sind immer wieder Braunbären von Italien her nach Graubünden eingewandert. Damit sind dann alle Grossraubtiere Europas im Kanton wieder ansässig geworden, denn auch der Wolf und der Luchs leben bereits seit Jahren wieder in einem der grössten Nationalparks Europas im Unterengadin. Zusammenstösse mit Menschen hat es bisher nicht gegeben.

Graubünden bietet eine Vielzahl einheimischer Spezialitäten. Die Bündner Gerstensuppe ist vielleicht nicht jedermanns Sache, aber Bündner Nusstorte, die auch Engadiner oder Davoser Nusstorte heissen kann, ist sehr bekannt und wird auf Bestellung in die ganze Welt verschickt. Als Vorspeise hat sich in der ganzen Schweiz das hauchdünn geschnittene Bündnerfleisch etabliert, das mit den Fingern gegessen werden darf. Als Zwischenverpflegung eignet sich auch Salsiz, eine Art Landjägerwurst, die sehr gut im Rucksack mitgenommen werden kann. In Deutschland unbekannt sind sicher Capuns. Das ist ein mit Mangold- oder Lattichblättern zu einem

Krautwickel umwickelter Spätzleteig, gefüllt mit Salsiz oder Fleisch und überbacken mit Käse. Nichts für Leute, die auf ihre schlanke Linie achten wollen. In die gleiche Kategorie fallen auch Bündner Pizokel, eine Art Kartoffelspätzle, ebenfalls sehr lecker.

Das Bündnerdeutsch gehört zu den alpinen Dialekten der Sprachregion V (siehe Kapitel 3). Es zeichnet sich durch ein stark gerolltes r und Verb-Endungen mit einem sehr breiten ä oder sogar a aus. Beispiele: segeln → säglää; tragen → trrrägää.

Etwa 70 000 Personen sprechen Rätoromanisch oder Rumantsch, wie die Sprache in der Schweiz heisst, davon rund die Hälfte als Hauptsprache. Es gibt mehrere rätoromanische Dialekte, und das Sprachgebiet hängt geografisch nicht zusammen, z.b. gibt es Sprachinseln im Vorderrheintal und im Unterengadin. Zur Stärkung der bedrohten Sprache wurde 1982 das Rumantsch Grischun als romanische Schriftsprache künstlich geschaffen. Es ist heute offizielle Amtsschriftsprache des Kantons Graubünden und des Bundes im Verkehr mit der romanischen Bevölkerung. Als Tourist begegnet man dem Rätoromanischen meist nur in den Ortsbezeichnungen und Flurnamen, denn die Einheimischen sprechen praktisch alle auch Bündnerdeutsch. Das ist im Gegensatz zur Italienisch sprechenden Bevölkerung in den Südtälern Graubündens, wie z.b. im Misox-Tal auf der Südseite des San-Bernardino-Passes, für die Deutsch eine Fremdsprache ist.

k) Wallis/Valais

Das grosse Tal im Südwesten der Schweiz ist das Wallis, durch das die junge Rhone fliesst, die hier Rotten oder in Walliserdeutsch Rottu heisst. Der Kanton ist zweisprachig. Das Unterwallis ab Sierre (deutsch Siders) spricht Französisch, das Oberwallis mit dem Goms spricht Walliserdeutsch. Mit 60 Prozent dominiert das Französische, sodass das Wallis bzw. Valais (mit dem Autokennzeichen VS) wie der zweisprachige Kanton Fribourg zur französischen Schweiz gehört. Die Walliser sehen sich selbst in der Schweiz lebend und fahren in die «Üsserschwiiz», wenn sie mal nach Bern oder Zürich reisen müssen, was jeweils entweder eine Reise mit der Bahn und dem Autoverlad durch den Lötschbergtunnel oder im Sommer mit dem Auto über den Grimsel- oder Furkapass bedeutet.

Jahrhundertelang war das Wallis mit seiner geografischen Abgeschiedenheit eine eher ärmliche und raue Gegend, die den Bewohnern alles abverlangt hat, um bei den extremen Klimaverhältnissen zu überleben. Im Sommer gehört das Wallis zu den trockensten Landschaften Europas, die Winter im Oberwallis sind sehr lang und schneereich. Der typische Bau der Häuser und der Getreidespeicher mit den Mäusesteinen sowie die ausgeklügelte Bewässerungstechnik der steilen Hänge sind das Resultat dieses Überlebenskampfes. Als Folge wurden im Mittelalter die Walliser oder Walser, wie sie auch genannt werden, von den Fürsten angeworben, um alpine Hochebenen urbar zu machen und das Land zu entwickeln. Umgekehrt zwangen Hungersnöte und Überbevölkerung die Walser immer wieder, auszuwandern und neues Land für sich zu entdecken. So wurde im 13. Jahrhundert das Landwassertal besiedelt und Davos gegründet. Andere Walser-Familien zogen weiter bis ins Kleine Walsertal an der deutsch-österreichischen Grenze. Die ansässige romanische Bevölkerung wurde dabei langsam verdrängt.

Im Ortsmuseum Ernen im Goms sind die ärmlichen Lebensumstände bis in die jüngste Vergangenheit sehr plastisch beschrieben. So gab es hier bis in die 1960er-Jahre nur Löffel und Messer, aber keine Gabeln, die als unnötiger Luxus galten. Tische bestanden aus einem halbierten Baumstamm, in dem in der Mitte ein grosses Loch ausgehöhlt wurde, aus dem mittags die ganze Familie gemeinsam die Suppe löffelte. Der Pfarrer hatte keine feste Anstellung und wurde für das Mittagessen täglich von Haus zu Haus weitergereicht. Natürlich gab es auch nicht das beste Essen, wenn ein unnötiger Mitesser mit am Tisch sass. So kam es einmal, dass der Pfarrer ein

Stück Knorpel erwischte und lange darauf herumkauen musste, bevor er es herunterschlucken hätte können. Es rettet ihn die Mutter: «Herr Pfarrer, das Stück hatte ich auch schon zweimal im Mund, tun Sie es doch wieder zurück.»

Ebenfalls im Erner Ortsmuseum wird berichtet, dass bis in die Mitte des letzten Jahrhunderts im Oberwallis jungen Frauen alle Zähne gezogen wurden, bevor sie heiraten durften oder konnten. Denn den teuren Zahnarzt wollten sich die Männer nur für sich selbst, aber nicht für ihre Frauen leisten. Deshalb mussten prophylaktisch alle Zähne vorher raus, was auch beim Essen weniger Kosten verursachte (Suppe ist billiger als Fleisch). Das waren Zeiten…!

Das Walliserdeutsch gehört zu den alpinen Dialekten der Sprachregion IV und unterscheidet sich markant vom Schweizerdeutsch, das in allen anderen Sprachregionen gesprochen wird. Stark rollende **r**, generell viele **ü**-und **sch**-Laute fallen dem Fremden zuerst auf, der hier sonst rein gar nichts verstehen wird. Hier nur einige Beispiele: «En Gü-ete», «brüff» (hinauf), «brii» (hinab), «schii» (sie), «gedeicht» (gedacht), «gebrungen» (gebracht). Die Schweizer aus den Sprachregionen I und II haben selbst auch grosse Mühe, die Walliser zu verstehen. Wenn sie dann noch aus einem der Seitentäler wie dem Matter-, Saaser- oder Lötschental stammen, wie etwa der vor einigen Jahren erfolgreiche Skirennfahrer Pirmin Zurbriggen, müssen am Schweizer Fernsehen Untertitel eingeblendet werden. Da sich die Walliser untereinander mit «Güete Tag wohl» grüssen, werden alle Üsserschwiizer gemeinhin als «Grüezipack» verunglimpft, speziell die Zürcher, wenn sie sich mal wieder allzu laut in Szene setzen.

Das Wallis hat die höchsten Berge der Schweiz (der höchste Gipfel ist die Dufourspitze mit 4634 m) und den bekanntesten Berg überhaupt, das Matterhorn mit 4478 m. Interessanterweise hat das Matterhorn, französisch Mont Cervin, nur aus der Richtung des Mattertals und Zermatt seine typische Form, wird aber oft nicht wiedererkannt, wenn der Blickwinkel etwas verschoben ist, z.B. vom Unterwallis her.

Viele Spezialitäten hat das Wallis zu bieten: Fondue (womit in der Schweiz immer Käsefondue gemeint ist) und Raclette, die beide spezielle Käsesorten benötigen, die es natürlich auch im Wallis gibt. Das erste Raclette in Deutschland habe ich als Weihnachtsgeschenk für meine Eltern 1977 importiert. Meine Eltern waren begeistert und wollten natürlich alle ihre Bekannten damit beglücken. Dumm nur, dass es damals überhaupt noch keinen und heute immer noch nicht wirklich guten Raclette-Käse in Deutschland gab und gibt. Alle Experimente mit einheimischem Käse schlugen fehl, was zur Konsequenz hatte, dass ich jahrelang bei jedem Besuch Raclette-Käse aus der Schweiz mitbringen musste. Selbst heute wird das noch geschätzt.

Das Wallis produziert auch hervorragende Weine. Damit meine ich nicht die Klassiker Fendant (weiss) und Dôle (rot), sondern die Walliser Weissweine aus der Nähe des Genfersees, wo dank dem mediterranen Klima auch Aprikosen und Zitrusfrüchte hervorragend gedeihen. Der Hauptort des Wallis ist Sion, deutsch Sitten, mit knapp 30 000 Einwohnern.

l) Tessin/Ticino

Eine Walser Gründung ist auch das Dorf Bosco Gurin, 35 km nördlich von Locarno an der italienischen Grenze gelegen, in dem als einzigem Ort im Kanton Tessin Deutsch gesprochen wird. Die offizielle Amtssprache im Tessin (Autokennzeichen TI) ist Italienisch. Locarno liegt zusammen mit Ascona am Lago Maggiore, auf Deutsch Langensee. Mit der Deutschschweiz ist das Tessin mit den Pässen St. Gotthard und San Bernardino verbunden, die dank Strassentunneln auch im Winter passierbar bleiben. Sie bilden zusammen mit dem Brenner in Österreich und dem Montblanc-Tunnel zwischen Frankreich und Italien die wichtigsten Nord-Süd-Transitverbindungen Europas.

Die Tessiner und später auch die Italiener waren die ersten Gastarbeiter in der Deutschschweiz, die ab der Mitte des letzten Jahrhunderts in Massen kamen und auffielen, so wie heute die Deutschen. Sie waren nicht beliebt und wurden abschätzig Tschinggen genannt. Das stammt von einem Spiel mit drei Fingern oder drei Streichhölzern, bei dem beide Spieler die Summe der gemeinsam hochgehaltenen Finger oder Streichhölzer erraten müssen. Die meistgenannte Zahl ist die Fünf, Italienisch cinque, was zum Tschingg für einen Italienisch sprechenden Ausländer wurde. Man hat dabei nicht zwischen Tessinern als Landsleuten und Italienern als echten Ausländern unterschieden. In der Zwischenzeit haben sie sich bestens in der Deutschschweiz integriert.

Das Tessiner Essen, das natürlich mit Pizza und Pasta, Salami und Rohschinken italienisch geprägt ist, wird in der ganzen Schweiz geschätzt. Typisch Tessin sind die Polenta, ein Püree aus Mais, sowie Marroni, die Esskastanie in allen Variationen, und natürlich der Merlot del Ticino, der in den Grottos (korrekt wäre Grotti), den Tessiner Kneipen, in Boccalini, kleinen Steingut-Bechern, serviert wird. Allerdings wird der Wein nicht vorne aus dem Schnabel getrunken, wie man immer wieder bei Touristen beobachten kann, sondern von der Seite wie bei einer grossen Tasse.

Der Hauptort des Tessin ist Bellinzona mit 17 000 Einwohnern. Hier verzweigen sich die Verkehrsströme Richtung San Gottardo oder San Bernardino. Die grösste Stadt des Tessin ist Lugano am Luganersee (Lago di Lugano) mit 55 000 Einwohnern, der nach Zürich und Genf drittgrösste Finanzplatz der Schweiz.

20. Resümee

Wer bis hierher gelesen hat, meine Erklärungen verinnerlicht und in Zukunft einige meiner Ratschläge berücksichtigt, wird die Schweizer besser verstehen und sich selbst in der Schweiz und unter Schweizern viel wohler fühlen. Dem Image Deutschlands in der Schweiz wäre das ebenfalls zuträglich, auch wenn es nur ein Tropfen auf den heissen Stein ist. Denn das Bild des «Hässlichen Deutschen» geben zurzeit einige Politiker ab, und die Medien greifen dieses Thema noch so gerne auf.

Immerhin sollten Sie nach der Lektüre des Buches so viel über die Schweiz wissen, dass es Ihnen nicht mehr so ergehen sollte wie jenem Landsmann aus Norddeutschland, der genug davon hatte, immer als Deutscher in der Schweiz erkannt zu werden. Er beschloss einen Sprachkurs für Schweizerdeutsch zu besuchen und intensiv dafür zu lernen. Ein halbes Jahr später dann der Test: Er geht in eine Bäckerei, um Brötchen zu kaufen. «Grü-ezi. Ich hätti gärn zwei Semmeli, bitte?» spricht er völlig korrekt und höflich zur Verkäuferin, die erwidert: «Chömmed Si öppe vo Tüütschland?» «Herrgott nochmal, wie haben Sie das jetzt wieder gemerkt?» «Sie sind hier in einer Metzgerei.» Tatsächlich war aussen «Boucherie» (= Metzgerei) statt «Boulangerie» (= Bäckerei) angeschrieben.

Hier nochmals meine wichtigsten Ratschläge auf einen Blick:

Rat 1: Sprechen Sie langsam und betonen Sie die Wörter einzeln *(Kapitel 1)*.

Rat 2: Verwenden Sie die korrekte deutsche Aussprache und vermeiden Sie den Slang oder Dialekt ihrer Heimat *(Kapitel 2)*.

Rat 3: Seien Sie ehrlich interessiert und höflich und vergleichen Sie die Schweiz nicht ständig mit Deutschland, was oberlehrerhaft und besserwisserisch wirkt *(Kapitel 4)*.

Rat 4: Nur wenige Schweizer sind Fans der deutschen Fussball-Nationalmannschaft. Stellen Sie Fernseher und Radio leise und jubeln Sie verhalten, auch wenn den Italienern ihr nationaler Jubel inklusive Autocorso zugestanden wird *(Kapitel 4)*.

Rat 5: Grüssen Sie korrekt mit «Grü-ezi» bzw. «Grü-ezi mitenand» *(Kap. 5)*.

Rat 6: Bei der Benutzung von gemeinsamen Einrichtungen einer Mieter- oder einer Stockwerkeigentümer-Gemeinschaft unbedingt das Gespräch suchen und nicht einfach z.b. die Waschküche benutzen, nur weil sie gerade frei zu sein scheint *(Kapitel 10)*.

Rat 7: Lernen Sie von den Schweizern, die Rückwärtsgewandtheit abzulegen und nach vorne zu schauen, modern und innovativ zu werden *(Kapitel 12 und 15)*.

Rat 8: Stärken Sie Ihre Smalltalk-Kompetenz. Das erleichtert den Einstieg in Verhandlungen und hilft schwierige Phasen zu überbrücken *(Kapitel 15)*.

Rat 9: Ziehen Sie nicht nur zum Steuernsparen in die Schweiz. Dazu sind der Aufwand und die Umstellung zu gross. Lassen Sie sich von weiteren Argumenten leiten *(Kapitel 16)*.

Rat 10: Bringen Sie Ihr Schweizer Gegenüber dazu, Schweizerdeutsch zu reden, indem Sie ein paar Brocken Schweizerdeutsch einstreuen. Das Gespräch oder die Verhandlung wird einfacher *(Kapitel 18)*.

Wer jetzt meint, er könnte mit diesen Ratschlägen und dem Wissen dieses Buches bereits Schweizer werden, muss wissen, dass er dafür mindestens 12 Jahre in derselben Wohngemeinde gelebt haben, einen guten Leumund vorweisen und integriert sein muss. Die Einbürgerungsbehörden überprüfen und prüfen das, insbesondere, ob der Einbürgerungswillige Land und Leute inklusive des Schweizerdeutschen kennt. Wer den Film «Die Schweizermacher» mit Emil Steinberger gesehen hat, weiss, dass sich die Situation nicht grundsätzlich verändert hat. Neu für Deutsche ist, dass Deutschland jetzt erlaubt, den deutschen Pass zu behalten, also eine doppelte Staatbürgerschaft zu besitzen. Die Schweiz hatte das schon immer toleriert.

Am Schluss des Einbürgerungsverfahrens kann in kleineren Gemeinden eine öffentliche Gemeindeversammlung über Ihren Antrag abstimmen und Ihnen durch Mehrheit der Stimmenden das Gemeinde-Bürgerrecht verleihen. Dann bekommen Sie erstmals ein Gefühl für die direkte Demokratie. Bevor Sie sich zu diesem Schritt entschliessen, muss Ihnen klar sein, dass Sie mit dem Schweizer Pass zwar de jure Schweizer sind, faktisch aber oft noch als Ausländer behandelt werden. Die Schweizer nennen solche Leute «Papierli-Schweizer». Erst Ihre Kinder, die hier geborene oder zumindest aufgewachsene zweite Generation, wird vollständig integriert sein.

Wer wie ich öfter in seinem Leben Stadt und Land gewechselt hat, um dort jeweils für längere Zeit zu leben, merkt bald, dass sich im Grunde die Themen und Probleme immer ähneln und nicht vom Land, sondern vielmehr von der eigenen Person abhängen. Mir sind dabei drei Grundsätze klar geworden, die für jedes neue und fremde Land, wie es die Schweiz für Deutsche ist, gelten. Erstens: Keiner wartet auf dich. Du musst selbst die Initiative ergreifen, um Menschen kennen zu lernen, und darfst dich trotz anfänglicher Rückschläge nicht entmutigen lassen. Zweitens: Auch der Wechsel

innerhalb Deutschlands selbst, z.B. aus einem norddeutschen Dorf
nach Stuttgart, ist ähnlich problematisch und nicht unbedingt einfacher als ein Umzug in die Schweiz. Drittens: Es dauert mindestens
das Lebensalter in Monaten, bis das soziale Umfeld wieder stimmt
bzw. so eingerichtet ist, wie es am alten Wohnort war.

Vieles in der Schweiz konnte ich nur oberflächlich behandeln. Manche Themen habe ich ganz ausgeklammert, obwohl sie auch sehr
interessant und aus deutscher Optik anders sind. Dazu gehören:

- die Westschweiz und ihr Verhältnis zu Frankreich
- die Rolle der Kirchen und Konfessionen in der Schweiz
  und in den Kantonen
- die Verteidigungs- und Militärpolitik
- die Neutralität der Schweiz
- das Verhältnis der Schweiz zur EU
- der deutsche Sterbetourismus in die Schweiz
- die rekordhohe Selbstmordrate in der Schweiz

Allerdings gibt es hierzu auch berufenere Experten als mich. Schon
bei den von mir hier behandelten Themen musste ich trotz besseren
Wissens der Kürze wegen manches Detail weglassen. Da bitte ich
um Nachsicht. Dieses Buch richtet sich an Deutsche, aber natürlich
dürfen es auch Schweizer lesen. Speziell für diese möchte ich betonen, dass es nie meine Absicht war, die schweizerischen Eigenarten
zu kritisieren oder mich darüber lustig zu machen. Aber Vereinfa-
chungen für meine deutschen Landsleute – speziell jene, die aus dem
Norden und Osten Deutschlands kommen – sind meines Erachtens
sinnvoll. Was mich persönlich betrifft, so schätze ich die schweizerischen Eigenarten und möchte mit meinen Buch erreichen, dass
andere Deutsche sie auch schätzen lernen.

Mir ist klar, dass nicht alle Leser meine Erfahrungen in der Schweiz
nachvollziehen können und die Dinge anders sehen. Ein Prise Hu-

mor, wie ich sie probiert habe ins Buch aufzunehmen, würde aber helfen, nicht jeden Punkt auf die Goldwaage zu legen, sondern mit einem Schmunzeln darüber hinweg zu lesen, auch wenn mancher Leser persönlich anderer Meinung ist oder andere Erfahrungen gemacht hat.

Alle von mir präsentierten Informationen, die nicht meiner eigenen Erfahrung entstammen, sind öffentlich zugänglich. Meine Quellen sind die «Neue Zürcher Zeitung», die «Finanz und Wirtschaft», «Business Week» und die «Financial Times» sowie die Internetseiten von Wikipedia und der OECD.

21. Nachwort

4 Jahre später

Als mein Buch „Der feine Unterschied" im Jahr Herbst 2009 erstmals erschien und ich damit an der Frankfurter Buchmesse eine öffentliche Lesung hatte, waren die Probleme zwischen Deutschland und der Schweiz aus heutiger Sicht zwar erkennbar, erschienen aber immer noch lösbar. Heute – fast vier Jahre später – sind dieselben Probleme immer noch vorhanden, sie haben sich aber teilweise sogar verschlimmert und belasten das Verhältnis zwischen den beiden Ländern immer mehr:

1. Das ausgehandelte und von den Regierungen paraphierte Steuerabkommen wurde vom deutschen Bundesrat abgelehnt.

2. Das ausgehandelte und von den Regierungen paraphierte Abkommen zur Regelung des Flugverkehrs über Süd- deutschland soll von deutscher Seite aus nachverhandelt werden. Die Schweiz lehnt das bis jetzt ab.

3. Die von der EU monierte steuerliche Begünstigung ausländischer Unternehmen in der Schweiz gegenüber inländischen Unternehmen wird zu einer generellen Absenkung der Steuerlast für alle Unternehmen in der Schweiz führen, was die EU und Deutschland unbedingt verhindern wollen,

4. Nach dem Rekordjahr 2008 mit über 47 000 Deutschen, die in die Schweiz einwanderten, hat sich die Zahl auf ca. 30 000 deutsche Einwanderer pro Jahr eingependelt, was aus schweizerischer Sicht immer noch viel zu hoch ist.

5. Die Kampagnen der Schweizerischen Volkspartei (SVP) gegen
   zu viele deutsche Professoren, Ärzte und Angestellte im Pflegebereich hat in anfälligen Kreisen der Schweizer Bevölkerung zu
   Übergriffen gegen Deutsche und ihre Kinder geführt, so dass
   diese sich nicht mehr auf die Strasse trauten und in städtischere,
   vermeintlich tolerantere Wohngemeinden umgezogen sind.

Die ersten 3 Punkte betreffen Konflikte auf Regierungsebene, und
keine Seite beschönigt heute mehr, dass es sich um echte Konflikte handelt, die sogar noch eskalieren können. Die beiden letzten
Punkte sind Beweise für den Unmut in der Schweizer Bevölkerung,
die einem Deutschen als Individuum immer noch mit Wohlwollen
begegnen, aber die Angst hat vor der grossen Masse der Deutschen.
Aktuell leben über 270 000 von ihnen in der Schweiz, das entspricht
3,5 % der Gesamtbevölkerung mit einer massiven Konzentration
im Grossraum Zürich (ca. 80 000 Deutsche).

Das Servicepersonal in den Restaurants, speziell auch in den Berg-
restaurants der bekannten Wintersportorte wie Davos, St. Moritz
und Zermatt ist heute deutsch, und die früher dort tätigen Portugiesen und Personen aus Ex-Jugoslawien wurden in den Innendienst
(Küche, Wäscherei, Reinigen) verdrängt, wo sie für die Gäste nicht
mehr sichtbar sind. Diese Deutschen nehmen den Schweizern keine
Jobs weg. Aber die vielen hochqualifizierten Ärzte, Ingenieure, Pro-
grammierer, Versicherungsmathematiker, etc. konkurrenzieren die
Schweizer auf dem Arbeitsmarkt. Mit dem Abschluss der Bilateralen
Verträge von 1999 und dem dazu gehörenden Freizügigkeitsabkom-
men kann jeder Deutscher in die Schweiz kommen und hier leben,
wenn er einen gültigen Arbeitsvertrag vorweisen kann.

Die in den Medien offen ausgetragenen Konflikte auf politischer
Ebene verstärken den Unmut der Schweizer gegen die Deutschen,
die wiederum mit ihrer zunehmenden Anzahl in der Schweiz immer

selbstbewusster auftreten. Speziell die junge Generation hat seit der Fussballweltmeisterschaft in Deutschland das Gefühl, von der ganzen Welt geliebt zu werden, und tritt entsprechend grossspurig auf. Keine Spur mehr von Demut und Mitgefühl gegenüber den Nachbarländern, so wie sie meiner Generation noch anerzogen wurde wegen der Untaten der Deutschen in Europa während des Dritten Reichs und des Zweiten Weltkriegs.

Um es auf den Punkt zu bringen: Die Deutschen und speziell die schnell sprechenden Nord- und Ostdeutschen inklusive Berliner sind in der Schweiz unbeliebt. Und leider tun sie viel zu wenig, um daran etwas zu ändern. Mit der Lektüre meines Buches könnte jeder Deutsche, der in der Schweiz lebt oder in Zukunft leben möchte, mit wenig Aufwand einen Beitrag zu Entschärfung der Situation zwischen Deutschen und Schweizern leisten. Aber wer nach 20 Jahren in der Schweiz immer noch mit «Grützi» (statt korrekt mit «Grü-ëtzi») oder gleich mit «Tach auch» oder «Mahlzeit» grüsst, dem ist wohl nicht mehr zu helfen.

Veränderungen gegenüber der Ersten Auflage

In der zweiten Auflage meines Buches habe ich natürlich alle Zahlen, Daten und Fakten aktualisiert. Dabei fallen verschiedene Trends auf: Seit 2008 hat die Arbeitslosigkeit in Deutschland stark abgenommen, und der Anteil älterer Arbeitnehmer/innen hat erfreulich zugenommen. Bei der Innovationskraft hat Deutschland sich von Rang 19 auf Rang 15 vorgearbeitet. Das Bruttoinlandsprodukt und das Pro-Kopf-Einkommen sind gestiegen. Das sind alles Gründe, damit deutsche Arbeiter und Akademiker ihre Chance in Deutschland suchen sollten und nicht mehr auswandern. Und tatsächlich hat die Auswanderung aus Deutschland und die Einwanderung in die Schweiz seit den Krisenjahren 2008 und 2009 abgenommen, ist aber immer noch hoch: im Schnitt 30 000 Personen pro Jahr, mehr als 100 pro Werktag.

Der Vergleich mit der Schweiz über denselben Zeitraum zeigt allerdings, dass sich die Schweiz auch stark verbessert hat, zum Teil sogar überproportional stark, verglichen mit Deutschland. Die Arbeitslosigkeit ist immer noch nur halb so gross wie in Deutschland. Bei der Jugendarbeitslosigkeit hält die Schweiz seit Jahren den Niedrigrekord. Der Anteil älterer Arbeitnehmer/innen liegt in der Schweiz ebenfalls höher als in Deutschland, Tendenz steigend. Und bei der Innovationskraft liegt die Schweiz auf Platz 1 (2008: Platz 4). Mit anderen Worten: Deutschland hat sich bei vielen wichtigen volkswirtschaftlichen Kennzahlen verbessert, aber die Schweiz hat sich überproportional verbessert, so dass die Kluft zwischen beiden Ländern in wirtschaftlicher Hinsicht eher grösser geworden ist. Somit bleibt die Schweiz weiterhin sehr attraktiv für Leute, die etwas können und etwas leisten wollen.

Dass die Kluft zwischen beiden Ländern tatsächlich grösser geworden ist, zeigt ein anderer Trend. Die deutsche Wirtschaft wird meist über ihre international tätigen Grosskonzerne, speziell die Autokonzerne, wahrgenommen, während die Schweiz als Land der kleinen und mittelständischen Unternehmen gilt. Im Jahr 2008 waren mit Siemens, VW und BASF drei deutsche Konzerne unter den Top 50 der weltgrössten Unternehmen. Die Schweiz hatte nur Nestlé in dieser Kategorie. Jetzt ist es umgekehrt: kein (!) deutscher Konzern rangiert mehr unter den Top 50, dafür mit Nestlé, Novartis und Roche drei Schweizer Konzerne. Zum Teil hängt das natürlich mit der Euro-Krise und der starken Aufwertung des Schweizer Franken zusammen, aber als Trend ist das keine gute Entwicklung für die globale wirtschaftliche Präsenz von Deutschland.

Was hat sich noch in den letzten 4 Jahren verändert und musste ich für die Zweite Auflage anpassen? In der Schweiz wurde die Velo-Vignette abgeschafft, stattdessen übernimmt die persönliche Haftpflichtversicherung mögliche Schäden bei einem Fahrradunfall. Die kalte Progression wird jährlich ausgeglichen (wann beginnt

Deutschland überhaupt darüber nachdenken?). Die Mehrwertsteuer wurde - begrenzt auf sieben Jahre (bis Ende 2017) - von 7,6 % auf 8,% erhöht, um die defizitäre Invalidenversicherung (IV) zu sanieren. Der obligatorische Abgastest für Autos wird für Neuwagen mit einem On-Board-Diagnose (OBD) System ausgesetzt. Die Verkehrsbussen, speziell für zu schnelles Fahren, wurden drakonisch hoch gesetzt. Der Bau neuer Minarette wurde per Volksabstimmung verboten, was der Schweiz einen Rüffel des französischen Premierministers einbrachte, der dann kurz darauf für Frankreich ein allgemeines Burka- bzw. Verschleierungsverbot einführte.

Deutschland und die EU-Staaten schlagen sich mit der Verschuldungsproblematik der südlichen EU-Mitgliedsländer, allen voran Griechenlands herum, was zu einer drastischen Abwertung des Euro gegenüber dem Franken geführt hat: 2008 war ein Euro noch 1,62 CHF wert, Mitte 2011 stand er bei nur noch 1,07 CHF, bevor die Schweizer Nationalbank eine Kursuntergrenze von 1,20 CHF festlegte und seitdem erfolgreich verteidigte. Natürlich hat die schweizerische Exportindustrie sowie die Tourismusbranche schwer unter dem tiefen Euro-Kurs zu leiden.

Zurück zum Anfang meines Vorwortes für die Zweite Auflage und die dort aufgezählten fünf Konfliktherde. Warum verstehen die Schweizer die Deutschen nicht mehr, nachdem beide Länder jahrzehntelang sehr befreundet waren? Auf drei der anfangs aufgezählten Punkte möchte ich besonders eingehen, weil sie die schweizerische Volksseele belasten:

I) Steuerabkommen und Diebstahl von CDs mit Bankdaten

In der Schweiz schützt das Bankgeheimnis den Bürger vor der staatlichen Neugier. Es wurde zum Schutz jüdischer Vermögen vor den Nazis eingeführt. Im Fall des Verdachts auf Steuerbetrug kann ein Richter jederzeit die Aufhebung des Bankgeheimnisses anordnen. (In Deutschland können die Behörden ohne richterlichen

Beschluss die persönlichen Bankdaten anfordern.) Steuerhinterziehung hingegen ist in der Schweiz kein Straftatbestand, damit soll verhindert werden, dass das versehentliche Weglassen von Angaben oder fehlerhafte Einträge in die Steuererklärung den betroffenen Bürger nicht gleich kriminalisieren. Beim Steuerbetrug hingegen muss absichtliche Urkundenfälschung vorliegen, sie ist strafbar.

Gegen einen ehemaligen Bundesrat (Mitglied der Landesregierung) und einen der reichsten Schweizer läuft ein Strafverfahren, weil er mutmasslich mitgeholfen haben soll, dass die Bankdaten des Nationalbankpräsidenten an die Presse weitergegeben wurden, was eine klare Verletzung des Bankgeheimnisses darstellen würde. Mit der gleichen Argumentation hat die schweizerische Bundesstaatsanwaltschaft Strafklage und Haftbefehl gegen drei deutsche Steuerfahnder aus Nordrhein-Westfalen erlassen, die gestohlene CDs mit Bankdaten aufgekauft und ausser Landes geschafft haben.

Ich lebe seit Jahrzehnten in der Schweiz und muss mein sogenanntes «Welteinkommen» hier versteuern, wie das in jedem anderen OECD Land auch so ist. Einkommen in einem anderen Land muss ich dort versteuern und in der Schweiz angeben, so dass dank des Doppelbesteuerungsabkommens keine doppelte Steuer in dem Land und noch mal in der Schweiz anfällt. Zum Beispiel muss ich die Mieteinnahmen meines Elternhauses in Deutschland versteuern. Deshalb habe ich auch noch ein Konto bei der Sparkasse in Deutschland, das ich selbstverständlich jedes Jahr in der Schweizer Steuererklärung angebe, um auf die Zinsen dort auch noch Einkommensteuern zu bezahlen.

Jeder Einwohner Deutschlands, der umgekehrt ein Konto bei einer Schweizer Bank unterhält, muss und könnte problemlos das Vermögen und die Zins- und Dividendeneinnahmen in seiner deutschen Steuererklärung angeben und versteuern, und alles wäre paletti. Leider verschweigen die meisten Deutschen ihre Konten in

der Schweiz dem deutschen Fiskus und machen sich so zu Steuer-
hinterziehern, die nach deutschem Recht bestraft werden müssen,
aber vom Schweizer Bankgeheimnis geschützt werden. Wer sind also
primär die (Straf-) Täter? Die deutschen Kontoinhaber von Konten in der Schweiz oder die Banken, die diese Konten bereitstellen
und verwalten? Natürlich ist mir klar, dass die Schweizer Banken
ihren Kunden auch spezielle Konten, Nummernkonten und Spe-
zialkonstrukte zur Verschleierung angeboten haben, um an dieses
Schwarzgeld zu kommen. Das sollten sie in Zukunft unterlassen, und
die Schweizer Politik arbeitet auch an der sogenannten Weissgeld-
Strategie, die dieses dann gesetzlich in diesem Sinne regeln würde.

Wenn es der deutschen Regierung passt und sie dringend Geld
braucht, bietet sie selbst den deutschen Steuerzahlern sogenannte
Steuersparmodelle an. Bis der kleine Mann mittels Beteiligungs-
fonds dann auch daran teilnehmen darf, ist die Blase meist schon
im Platzen begriffen, und viele Leute haben zwar Steuern gespart,
aber viel investiertes Geld verloren. Das war zum Beispiel nach der
Wiedervereinigung der Bau vieler Immobilien in der ehemaligen
DDR unter dem Stichwort «Sonderabschreibung Ost», die laut
dem *Spiegel* als das grösste Steuergeschenk aller Zeiten in Deutschland gilt. Als dann die teuren Immobilien zunehmend leer standen, platzte die Blase und viele Leute mussten ihre Investitionen
abschreiben. In dieses Kapitel gehört auch die Privatisierung der
Telekom via Börsengang. Eine staatliche Medienkampagne ohne-
gleichen katapultierte die sogenannte Volksaktie auf den achtfachen
Ausgabepreis. Jede Hausfrau war dabei. Dann stiegen der Staat
und die staatlichen Banken aus, der Aktienkurs kollabierte innert
kurzer Zeit und fiel unter den Ausgabepreis. Zur Zeit sind es die
steuerbegünstigten Schiffsbeteiligungen, die den Investoren grosse
Verluste bescheren, weil wegen der weltweiten Überkapazitäten in
der Seefracht die Schiffe nicht mehr ausgelastet werden können
und der Markt kollabiert ist. In der Schweiz wäre ein vergleichbarer
Staatsdirigismus zu Lasten der einfachen Bürger undenkbar.

Auch ohne Steuerhinterziehung ist eine Geldanlage in der Schweiz in den letzten Jahren sehr attraktiv gewesen. Wer im Sommer 2008 bei einem Kurs von 1,62 CHF/EUR hunderttausend Euro in Franken angelegt hat, und heute bei einem Kurs von 1,20 CHF/EUR zurücktauscht, erhält 135 000 Euro zurück, was einer steuerfreien Rendite von 35 % entspricht. Nur auf die zusätzlich angefallenen Zinsen sind Steuern fällig.

Für den kleinen Mann in der Schweiz sind die Beträge, um die es hier geht, schlichtweg unvorstellbar. Ihn ärgert die Tatsache, dass sich die Deutschen über die schweizerischen Gesetze, speziell das Bankgeheimnis hinwegsetzen, Daten-CDs stehlen lassen und damit Hehlerei betreiben. Gleichzeitig haben sie grosses Mitleid mit den deutschen Bürgern, die unter einer vergleichsweise enormen Steuerlast ächzen. Hier sehen viele Schweizer den wahren Grund allen Übels in Deutschland.

Mit aus Schweizer Sicht fadenscheinigen Argumenten hat die deutsche SPD das ausgehandelte und von den Regierungen paraphierte Steuerabkommen abgelehnt. Die soziale Gerechtigkeit würde mit dem Abkommen mit Füssen getreten, so die SPD Exponenten. Dabei wäre mit dem Abkommen ein Schlussstrich unter die ganze Angelegenheit gezogen worden, und Deutschland hätte auf einen Schlag zwei Milliarden Euro als Vorauszahlung für die Abgeltung hinterzogener Steuern in der Vergangenheit erhalten. Aber die SPD mit den Grünen sagten im deutschen Bundesrat Nein und haben angekündigt, weiterhin gestohlene Daten-CDs zu verwenden, also Hehlerei statt sozialer Gerechtigkeit. Warum wohl? Nun, die Vermutung liegt nahe, dass irgendwann mal auch die berüchtigten Hintermänner der schwarzen CDU Konten in der Schweiz auf einer CD auftauchen werden, für die der damalige Bundeskanzler Kohl sein Ehrenwort abgegeben hat und seitdem trotz seiner Verdienste um die Wiedervereinigung Deutschlands und Europas in Unehre leben muss.

II) Fluglärmstreit und Anflugregime beim Flughafen Zürich
Dieser Streit zwischen Deutschland und der Schweiz erhitzt die
Gemüter der Schweizer im Grossraum Zürich noch mehr als das
Thema «Steuerhinterziehung und Bankgeheimnis». Jeden Morgen
und jeden Abend, wenn die Flugzeuge über die Köpfe von Hun-
derttausenden von Zürchern, darunter auch 80 000 Deutschen im
Kanton Zürich, hinweg donnern, wird allen Betroffenen das Thema
«Fluglärmstreit» schlagartig wieder bewusst gemacht.

Der Flughafen Zürich liegt ca. 10 km nördlich der Stadt und etwa
15 km südlich der deutschen Grenze. Er hat 3 Pisten: zwei lange
Pisten verlaufen nahezu parallel von NW nach SO, eine kürzere
Piste verläuft von West nach Ost. Die beiden langen Pisten zeigen im Norden direkt auf die deutsche Gemeinde Hohentengen
im Landkreis Waldshut. Im alten Dorf Hohentengen leben 800
Menschen, in der ganzen Gemeinde mit eingemeindeten Dörfern
knapp 4000 Menschen. Jahrzehntelang wurde der Flughafen von
Norden her angeflogen und die Hohentengener in niedriger Höhe
überflogen und mit Fluglärm beschallt. Alle ihre Proteste nützten
nichts, bis im Jahr 2001 unter der Regierung von Bundeskanzler
Schröder ein Staatsvertrag zwischen Deutschland und der Schweiz
ausgehandelt und paraphiert wurde, der die Anzahl Flugbewegungen über deutsches Gebiet auf 100 000 begrenzen sollte. Darüber
empörte sich damals der Kanton Zürich und sorgte zusammen mit
seinen Nachbarkantonen dafür, dass das Schweizer Parlament den
ausgehandelten Vertrag ablehnte.

Heute wären die Schweizer froh, wenn sie die damalige Lösung im
Staatsvertrag akzeptiert und damit festgeschrieben hätten. Denn
die deutsche Regierung erliess daraufhin einseitig eine Verfügung,
dass werktags zwischen 21.00 und 7.00 Uhr und samstags, sonntags
und an Feiertagen zwischen 20.00 und 8.00 Uhr überhaupt nicht
über deutsches Gebiet geflogen werden darf. Diese bis heute gültige Verordnung zwingt den Flughafen Zürich zweimal täglich sein

Lande- und Startregime zu ändern: während den Verbotsstunden wird der Flughafen von Süden und Osten angeflogen und es wird in Richtung Westen gestartet, was selbst in 30 km Entfernung vom Flughafen zu Lärmbelästigungen von hunderttausenden von Menschen führt und speziell die Stadt Zürich selbst stark belastet. In den neu überflogenen Regionen sind die Immobilienpreise seit 2001 gesunken und haben Schadensersatzforderungen gegenüber dem Flughafen und der Regierung ausgelöst. Parallel dazu wurden Zigmillionen von Franken für Lärmschutzmassnahmen ausgegeben.

Ein im Jahr 2012 neu ausgehandelter Staatsvertrag hätte die Flugverbotszeiten am Morgen zugunsten der Schweiz gelockert und abends verschärft, dafür hätte es keine Beschränkung der Anzahl Flugbewegungen über Deutschland gegeben. Speziell der letzte Punkt führte zu Protesten bei der südbadischen Bevölkerung und schlussendlich zur Ankündigung Deutschlands, den paraphierten Staatsvertrag so nicht dem Bundestag zur Ratifizierung vorlegen zu wollen; Nachverhandlungen seien nötig.

Die betroffene Schweizer Bevölkerung ist verbittert, da mit der aktuellen deutschen Verfügung Hunderttausende statt nur wenige Tausende vom Fluglärm geplagt werden. Dies umso mehr, weil auch viele Süddeutsche den Flughafen Zürich mit seinen internationalen Flugverbindungen benützen, wie man täglich an den vielen Vorfahrten mit deutschem Autokennzeichen sehen kann. Gleichzeitig wirbt Hohentengen auf seiner Homepage mit seiner Nähe zum Zürcher Flughafen, und damit dass viele Hohentengener dort arbeiten. Hinzu kommt, dass Deutschland selbst bei den Flughäfen Frankfurt und Stuttgart, zum Beispiel, rigoros gegen die Proteste der eigenen Bevölkerung vorgeht und ignoriert. Mit anderen Worten: den Frankfurtern und Stuttgartern und ihrem jeweiligen Umfeld wird eine markant höhere Lärmbelästigung zugemutet, als den Hohentengenern. Trotz der Benachteiligung der Schweizer Flughafeninteressen hindert das die süddeutschen Politiker aber

nicht daran, z.b. gleichzeitig für die seit 1985 (!) zugesagte Elektri-
fizierung der Bahnstrecke Lindau-München eine immer grössere
finanzielle Beteiligung der Schweiz zu fordern.

Dieses Verhalten Deutschlands und seiner Politiker wird in der
Schweiz zunehmend als egoistisches Grossmachtgehabe wahr genommen. Eine deutsche Unart, die man aus der Vergangenheit
kannte, aber glaubte, dass sie nie wieder auftauchen würde. Als
Trotzreaktion ist dann oft an Schweizer Stammtischen zu hören:
„Dann rollen wir den Teufelsstein wieder vor's Loch." Damit ist
gemeint, den Stein, den der Teufel nach der Teufelsbrücke am
Gotthard warf, aber verfehlte, vor den Gotthardtunnel zu rollen
und so den Nord-Süd-Güterverkehr zu blockieren, auf den u.a.
auch Deutschland sehr angewiesen ist.

III) Nimmt das gegenseitige Unverständnis zu?

Durch mein Buch «Der feine Unterschied» wurde ich zu vielen
Zeitungs- und Radiointerviews eingeladen. Das Bayerische Fernsehen drehte einen 20 minütigen Film mit mir in Zürich. Ausserdem haben mich mehrere namhafte Firmen zu Seminaren und
Workshops eingeladen, in denen ich den neuen Mitarbeitern und
Mitarbeiterinnen aus Deutschland die schweizerischen Themen
näher bringen durfte. Aber auch viele Schweizer Mitarbeiter haben
an den Workshops teilgenommen, um die deutsche Mentalität ken-
nenzulernen oder besser zu verstehen. Sehr viel Lob habe ich für
meine 10 Regeln zum Verstehen (und ggf. Sprechen) des Schweizerdeutsch bekommen. Selbst Experten finden meinen Ansatz zielfüh-
render als die Methoden, die in den Sprachschulen unter dem Titel
«Schweizerdeutsch für Deutsche» praktiziert und im Filmklassiker
«Die Schweizermacher» trefflich karikiert werden.

Mit diesen Erfahrungen speziell aus den Interviews und den Workshops muss ich leider ernüchtert feststellen, dass über das Klischee-
Wissen über die Schweiz hinaus (Steuerflüchtlinge, Schokolade,

Uhren) unsere deutschen Nachbarn sehr wenig über die Schweiz
wissen und wissen wollen, selbst wenn sie hier in der Schweiz leben
und arbeiten. Ein Radioreporter bat mich einmal am Ende des Interviews, spontan einen Witz zu erzählen. Da ich in meinem Buch
auch einige Anekdoten und Witze bringe, in denen die Deutschen
eher schlecht wegkommen, hielt ich es für eine gute Idee, wenn
ich einmal die Ignoranz der Amerikaner auf die Schippe nehme:
„Ein Amerikaner kommt nach seiner «Europa- in-10-Tagen»-Reise
zurück in die USA und berichtet über die Schweiz. Alle Schweizer
sprechen drei Sprachen, und alle Städte habe Namen in jeder dieser
Sprachen. Zum Beispiel heisst die Stadt deutsch Luzern, französisch
Lausanne und italienisch Locarno." Da fragte mich der deutsche
Reporter: „Ja wo ist der Witz? Das ist doch wirklich so." Dazu ist
mir dann nichts mehr eingefallen. Dass er zwar einen Radiobericht
über das Verhältnis zwischen Deutschen und Schweizern machen
wollte, aber Emil Steinberger überhaupt nicht kannte, hat mich
dann auch nicht mehr gewundert.

Lehren aus meinen Seminaren

In den Workshops und Seminaren stelle ich mich manchmal so vor:
„Ich habe ein paar Semester Soziologie und Politikwissenschaften
studiert, dann verschiedene Praktika bei Zeitungen und beim Fernsehen gemacht, bis ich als freiberuflicher Journalist tätig wurde
und dieses Buch recherchiert und geschrieben habe." Witziger-
weise nehmen mir meine Zuhörer diese böse Anspielung sofort ab,
wahrscheinlich weil es ihrem Erwartungs-Klischee entspricht. Dass
ich aber seit meinem Studium an der ETH bis heute in diversen
Firmen in Deutschland und in der Schweiz in Führungspositionen
tätig bin und so auf einen grossen, persönlichen Erfahrungsschatz
zurückgreifen kann, wird jeder Leser, jede Leserin leicht nach-
prüfen können.

Gerade jüngere Deutsche, die in die Schweiz kommen, fehlt das
Gespür für fremde Kulturen und Länder, nicht nur für die Schweiz

sondern allgemein. Bei den Amerikanern kennen wir das schon lange: sie verwechseln Schweiz und Schweden, halten Norwegen für die Hauptstadt der Schweiz, und wundern sich, dass Deutschland eine Küste hat („What's on the other side?"). Mit der wieder gewonnenen Grösse von Deutschland entwickeln sich auch seine Einwohner in diese Richtung.

Oft gebe ich mich in den Seminaren damit zufrieden, wenn ich neben dem handfesten Vermitteln von Wissen (zu AHV und Pensionskasse, Steuererklärung, Schulsystem, günstiges Einkaufen, etc.) wenigstens zwei Dinge herüber bringen konnte: 1. «Grü-ëzi» statt «Grützi» oder «Grüzzi» und 2. «En Gu-ëte» statt «Mahlzeit». Viele hier lebende Deutsche können oder wollen sich das nicht abgewöhnen und fallen damit immer wieder negativ auf, auch wenn niemand es ihnen direkt zu verstehen gibt. Diese Beratungsresistenz konnte ich bei allen Bildungsstufen immer wieder feststellen. Wenn es einen Unterschied gibt, dann bei den Generationen. Ältere Semester - wie ich selbst auch - haben noch die Demut nach dem Krieg anerzogen bekommen und wussten somit, dass wir Deutschen im Ausland keinen leichten Stand haben. Daran hat sich im Ausland bis heute nicht viel geändert, aber in Deutschland selbst scheint dieses Bewusstsein verloren gegangen zu sein.

Ganz interessant wird es in meinen Workshops, wenn Deutsche und Schweizer gleichzeitig daran teilnehmen. Nach der von mir moderierten Aufwärmphase mit ein paar klaren Aussagen trauen sich dann auch die Schweizer, ihre Erfahrungen zum Verhältnis der Deutschen auszusprechen. Die deutschen Teilnehmer fallen dann meist aus allen Wolken. Sie hören dann nicht nur von mir, dass sie arrogant und besserwisserisch wirken, beratungsresistent sind, viel heisse Luft mit nichts dahinter schwätzen, für einen guten Rabatt oder kleinen Vorteil die beste Freundschaft oder den Teamgeist opfern, usw. Nach dem ersten Schock lassen das die Deutschen natürlich nicht auf sich sitzen. Sie werfen den Schweizern umgekehrt vor, dass sie in den Verhandlungen viel zu freundlich, nett und konsensorientiert sind; und wenn es dann hart auf hart kommt, kneifen sie. Eigentlich seien die Schweizer Weicheier. In Deutschland wären sie unbrauchbar, weil sie nicht hart verhandeln könnten.

Ausblick und Hoffnung

Die offiziellen Diskrepanzen (Steuerstreit, Fluglärmstreit) zwischen der deutschen und der Schweizer Regierung sowie die zunehmenden Animositäten zwischen Deutschen und Schweizern stimmen mich sehr traurig und nachdenklich. Mit meinem Buch möchte dazu beitragen, dass sich beide Seiten bewusst werden, dass es so nicht weitergehen darf. Die Tatsache, dass die erste Auflage meines Buches vergriffen ist, es also viel Interessierte für dieses Thema gibt, und dass ich dank meines Buches in Interviews und Radio- und Fernsehberichten das Thema bewusst machen durfte, stimmen mich ein wenig zuversichtlich, dass Hopfen und Malz doch noch nicht ganz verloren sind. Jedenfalls möchte ich die Deutschen in der Schweiz daran erinnern, dass sie in der Schweiz Gäste sind und sich um ihre Akzeptanz bei ihren Gastgebern aktiv bemühen müssen und sollten - und nicht umgekehrt.

Für die Schweizer habe ich am Schluss dieses Nachwortes folgende Botschaft: Sie können formal im Recht sein oder sich im Recht fühlen, alles wird wenig nützen, wenn es nicht gelingt, aus der EU und aus der OECD, also der ganzen Welt einige befreundete Staaten auf ihrer Seite zu haben. Sonst wird sich das bekannte Sprichwort erfüllen: „Viele Hunde sind des Hasen Tod." Freundschaften unter Staaten sind Freundschaften zwischen Menschen, also den Politikern, die diese Staaten lenken. Es ist darum umso wichtiger, dass die Schweizer Politiker ins Ausland reisen und Beziehungen aufbauen. Es reicht nicht mehr, nur am World Economic Forum (WEF) in Davos allen anreisenden Staatslenkern die Hände zu schütteln. Bei der Gelegenheit müssen die Leistungen der Schweiz wieder und wieder vermittelt werden: Humane Traditionen mit dem Sitz des Roten Kreuzes, Aufnahme vieler Flüchtlinge seit dem Zweiten Weltkrieg, die zum Teil noch heute in der Schweiz leben (Tibetaner, Ungarn, Tschechoslowaken), direkte Demokratie, Einsatz für den Frieden, Verkehrsinfrastruktur für Schiene und Strasse mit dem Bau vieler Alpentunnel und -brücken für ganz Europa, usw..

Dann appelliere ich an die Schweizer Kulturschaffenden, sich um Erfolge im Ausland zu bemühen und nicht nur satt und zufrieden den inländischen Markt zu beackern, der mit weniger Mühe und Stress anscheinend genug Geld für den eigenen Unterhalt abwirft. Nur mit Kultur können andere, positive Kontrapunkte gesetzt werden und die heute beherrschenden Negativthemen (Steuerhinterziehung, Bankgeheimnis, Ausländerpolitik, etc.) im Ausland in den Hintergrund gedrängt werden.

Zum Autor

Bruno Reihl wurde 1954 in Detmold, Westdeutschland, geboren und ist dort zur Schule gegangen. Er kam 1977 in die Schweiz, um an der ETH Zürich zu promovieren. Danach arbeitete er 15 Jahre lange für IBM in den USA, Schweden, Italien und die meiste Zeit im IBM Forschungslabor in Rüschlikon, Kanton Zürich. Im Jahr 1995 wurde er zum Ordentlichen Professor (C4) an der Technischen Universität Dortmund, Nordrhein-Westfalen, gewählt und übernahm gleichzeitig die Co-Projektleitung beim Bau der Swiss Light Source am Paul-Scherrer-Institut im Kanton Aargau. 1998 wechselte Dr. Reihl in die Geschäftsleitung der börsenkotierten Disetronic Medical Systems AG in Burgdorf, Kanton Bern, um nach der Übernahme der Firma im Jahr 2003 durch Hoffmann-La Roche als Einzel-Vorstand (CEO) fünf Jahre lang die RAUMEDIC AG mit 360 Mitarbeitenden in Münchberg, Bayern, aufzubauen. Dr. Reihl gründete erfolgreich mehrere Start-up-Unternehmen in Deutschland und in der Schweiz. Er ist Mitglied oder Präsident in verschiedenen Verwaltungsräten, wirkt als Stiftungsrat der St. Galler Janggen-Pöhn-Stiftung zur Förderung ausserordentlich begabter schweizerischer Nachwuchsakademiker und wurde als Experte in die Maturitätskommission des Kantons Schwyz gewählt.

Meiner Familie und unseren deutschen und schweizerischen Freunden gewidmet, die mir über die Jahre mit vielen Anregungen den Stoff für dieses Buch geliefert haben.

22. Schweizerdeutsch – Hochdeutsch

Schriftdeutsch / Schwiizertüütsch	Hochdeutsch	Seite
Abig	Abend	26
Abwart	Hausmeister	70
allfällig	nötig	149
amortisieren	Hypothek zurückzahlen, tilgen	70
Anke	Butter	30
anläuten, aalüüte	telefonieren, anrufen	14
Anstösser	Anlieger	52,191
Apéro	Umtrunk	32,81
Arbeitskollege	Kollege	16,25
Auffahrt	Himmelfahrt	106
aufgestellt sein, aufstellen	sich freuen, erfreuen	16
äufnen	erhöhen, vermehren	13
Aufsteller	Freude	16
Ausgang	Ausgehen	16
ausrufen	motzen, schimpfen, sich beschweren	15
Autospenglerei	Werkstatt	14
Barrage	Ausscheidungsspiel	74
Barriere	(Bahn-)Schranke	52,86
Baumnuss	Walnuss	33
Baurecht	Erbpacht	37,70
bedient sein	zufrieden sein	15,31
bedingte Strafe	Strafe auf Bewährung	109

Beiz	Restaurant, Gasthaus, Kneipe	29,80
Billett	Fahrkarte, (auch Führerschein)	52,84
Blööterliwasser	Mineralwasser	32
blutt	nackt	149
Bobo	Wehweh, Aua	126
Bölle	Ball	74
Bölle, Zd	Zwiebel	33
Boucherie, Bd	Metzgerei, Fleischerei	163
Boulangerie, Bd	Bäckerei, Backstube	163
Brevet	Ausweis, Befähigungsnachweis	74
Brötli, Zd	Brötchen	30
Brünneli	Waschbecken, Spülstein	69
Budget	Haushalt, Etat	41
Bueb	Junge, Knabe	61,134
Bü-ezer/bü-ezen	Arbeiter/arbeiten, schuften	107
Bundesrat	Regierung, Kabinett	40
Bünzli/bünzlig	Spiesser/spiessig	70
Büsi	Katze	69
Café crème	Kaffee mit Sahne	30
Camion	LKW, Lastwagen	13,53
Car	(Reise-)Bus	13,53
Cervelat	Bockwurst, Knackwurst	16,32
Cervelat-Prominenz	Möchtegern-Stars und -Sternchen	79
Chabis	Weisskohl, (auch Quatsch, Unsinn)	33
Challenge League	2. Bundesliga in der Schweiz	74
Chämmi	Kaminschlot	70,132
Chämmifäger	Schornsteinfeger	70

* Abkürzungen: Zd: Zürichdeutsch; Bd: Berndeutsch

Chaschte, Kasten	Schrank	69
Chäs-chüechli	Käsekuchen	32
Cheminée	Offener Kamin	69
Chindsgi	Kindergarten	60
Chlaus-Hock	Nikolausfeier der Vereine	81
Chnobli	Knoblauch	33,133
Chriesi	Kirsche	33
Chüngel	Kaninchen	32
Coiffeur/Coiffeuse	Frisör/Frisöse	14
Corner	Eckstoss, Ecke	74
Coupe	Eisbecher	31
Coupon	Zinszahlung einer Anleihe	122
Cüpli	Glas Champagner	32
Deci, Dezi	Zehntel-Liter	32
Depot	(Flaschen-)Pfand, (Miet-)Kaution	33,63
Dessert	Nachtisch	31
à discrétion	soviel man mag	31
doktorieren	promovieren	62
Dossier	Akte, Unterlagen	108
druus choo	verstehen, kapieren	149
düppig, tüppig	schwül	93
Duzis machen	das Du anbieten	26
Egli	Barsch	32,159
Eile mit Weile	Mensch ärgere dich nicht (das Spiel)	82
En Guete	Guten Appetit	36,3
Equipe	Mannschaft	13
Erdöpfel, Herdöpfel	Kartoffel	33

Erfolgsrechnung	Gewinn- und Verlustrechnung GuV	107
Estrich	Dachboden	69
Etui	Federtasche	61
Excusez, Äxgüsi	Entschuldigung	14
Experte	Prüfer, Sachverständiger	52
Fahrausweis	Führerschein	52
Fahrzeugausweis	Kfz-Brief und Kfz-Schein	52
fakultativ	freiwillig, wahlfrei	41
Fauxpas	Fehler, Peinlichkeit	14
fein sii	schmecken	31
Ferien	Urlaub	16
Final	Endspiel, Finale	14,74
Finke, Pl. Finken	Hausschuh(e), Pantoffel(n)	16,127
Fleischvogel	Roulade, Rindsroulade	32
Fluh, Flühe	Felswand	93
Föhnfischli	Linsenwolken	93
Fondue	Käsefondue	31
Fondue Bourguignon	Fleisch-Fondue in Öl	31
Fondue Chinoise	Fleisch-Fondue in Gemüsebrühe	31
Forfait geben/gää	aufgeben (im Sport)	74
Franchise	Selbstbeteiligung	126
Fudi, Füdli	Popo	61
Fumoir	Raucher-Abteil	127
Fürsprecher	Rechtsanwalt	108
Gang	Flur, auch Runde beim Schwingen	72
Garage	Werkstatt	14,53
Gemeindepräsident	Bürgermeister	41

Gemeindeschreiber	Leiter der kommunalen Verwaltung	41
gestellt	unentschieden (beim Schwingen)	72
geussä	schreien, kreischen	60
Giel (Zd); Gieu (Bd)	Bursche, Jüngling	150
giggerig	erregend, anmachend	150
Gigampfi	Wippe	60
Gimmi	Gymnasium	62
gingge	treten	60
Gipfel oder Gipfeli	Hörnchen, Croissant	30
Glacé	Eis	31
glatt	pfiffig, durchtrieben (aber auch glatt)	16,15
Gnusch	Unordnung, Durcheinander	62
go poschte	einkaufen	31
Goal	Tor	74
Goalie	Torwart	74
Goof, Goofen	Kind, Kinder	61
Görpsli	Rülpser, Bäuerchen	127
Gotte	Patentante	14
Götti	Patenonkel	14
Grapefruit	Pampelmuse	30
grillieren	grillen	16
Grind	Kopf	142
Grindweh	Kopfschmerzen	126
Grosi	Oma, Grossmutter	14
Grüessech, Bd	Guten Tag	23
Grüezi, Zd	Guten Tag	23

Grümpelturnier	Hobby-Fussballturnier	74
Gschwellti	Pellkartoffeln	33
Gspändli	Freund/in in Kindergarten	35
oder Primarschule	61	35
gu-ët sii	schmecken	15,31
Guetzli	Keks	32
Gümmel oder Gummel	Kartoffel, Kt. Schwyz	171
günnä,ggunnä	gewinnen, gewonnen	74
Gunte	Pfütze	61
Güsel	Müll	70
Güselsack	Müllsack	70
gut sein	schmecken	15,31
gwundrig	neugierig	149
Hahneburger	Leitungswasser	32
Halbtax-Abo	Bahncard	85
Hallo	Hoi, Salli, Ciao	26
handkehrum	andererseits, plötzlich	149
Heft	Schulheft, Arbeitsheft	62
Heftli	Illustrierte, Magazin, Zeitschrift	62
Hegel	Sackmesser	150
Herdöpfel	Kartoffel	33
Herdöpfel-Stock	Kartoffelbrei	33
Hinnicht	Feierabend	25
Hopp Schwyz	(Schlachruf im Sport)	74
Hühnerhaut	Gänsehaut	14
Ii-klämmts	Butterbrot, Sandwich	31
Iishockey	Eishockey	71,158

innert	binnen, innerhalb	13
inne-rü-äre	einwerfen, z.B. nach einem Ausball	134
interimistisch, ad interim	kommissarisch	108
Jeton	(Park-)Münze	53
juflä	hetzen, sich beeilen	150
Jus (französisch gesprochen: Schüü)	Saft	30
Jus-Studium	Jura-Studium	108
Kader	leitende Angestellte, Management	109
Kandelaber	Strassenlaterne	13
Kantonsschuel	Gymnasium	62
Kantonsstrasse	Landstrasse	12,53
Kasten	Schrank	69
kejä (auch gheje)	fallen	60
Klus	Klamm	93
KMU	Mittelständler, mittelständiges Unter-nehmen	108
Kollege, Kollegin	Freund, Freundin, Bekannte/r	16
Kondukteur	Schaffner	14,86
konservieren, pflegen	erhalten (bedeutet nicht "bekommen")	16
kontaktieren	ansprechen, Kontakt aufnehmen	13
Lämpe	Ärger, Stress	150
Larve	Maske der Fasnächtler	167
lässig	toll, interessant	16
laufen	(spazieren-)gehen	15
Laui	Lawine	93
läuten	klingeln	16

Lavabo	Waschbecken, Spülstein	69
Lehrling	Azubi, Auszubildender	62
Lehrtochter	Azubine, Auszubildende	62
Lohnausweis	Lohnsteuerkarte	122
Lunch (Lönsch)	Mittagessen	30
Lüüti	Klingel	70
Mais	Ärger, Stress, Lärm	150
mängisch	manchmal, öfter	150
Marge	Spanne	107
Massstab	Lineal	61
Matte oder Mattä	Wiese	93
Matura	Abitur	62
Maturand/in	Abiturient/in	62
Meitli, Zd	Mädchen	61
Meitschi, Bd	Mädchen	61
merci	danke	14
Migros	(Migros ohne End-S aussprechen)	33
Mittelschuel	Gymnasium	62
Moore	Sau	149
Muni	Stier	72
Müntschi, Bd	Kuss	163
Mure oder Murgang	Erdrutsch	93
Mütschli, Bd	Brötchen, Semmel	30,163
Muul	Mund	126
Nachtessen, Znacht	Abendessen, -brot	31
Näscht	Bett	127
Natel	Handy	70

Nationalrat	Bundestag in Deutschland	41
Nationalstrasse	Autobahn	13,53
Nécessaire	Kulturbeutel	61
Nuggi	Schnuller	61,149
Nuoss	Spielobjekt beim Hornussen	73
Nussgipfel	Gefülltes Hörnchen	30
Nüsslisalat	Feldsalat	31
Obligation	Anleihe, Rente, Bond	109,122
Occasion	Gebraucht(-wagen)	52,70
Offside	Abseits	74
Ombudsmann	Schlichter, Vermittler	108
öppe	etwa	146
öppedie	oft, öfter, manchmal	146
öpper(t)/öpperem	jemand/jemanden	146
öppis	etwas	146
Orange	Apfelsine	30
Ovomaltine; Ovo	Kakao, Nesquik	32
Panasch, Panaché	Radler (halb Bier, halb Limonade)	32
parkieren	parken	16
Patent	Ausweis, Befähigungsnachweis	74
Patron	Chef, Boss	107
Pedalo	Tretboot	159
Penalty	Elfmeter	74
Pendenz	Hausaufgabe, Aufgabe, «To do»	107
Perron	Bahnsteig	14,86
Peterli	Petersilie	33
Pfnüsel	Schnupfen	127

pfuuse	schlafen	127
Plättli	Fliesen, Kachel	70
Plättlilegger	Fliesenleger	70
Plausch	Vergnügen, Freude	61,150
Pneu, Pl. Pneus	Reifen	13,53
Police	Versicherungsvertrag	52,126
politisieren	Politik machen	41
Postauto	Postbus	13,53
Posten, Poschte	Einkauf	16
Pöstler, Pöschtler	Postbote	70
Poulet	Hähnchen(-fleisch)	32
Prämie	Beitrag	126
preichen	(an-)treffen, passen	149
pressieren	beeilen, Druck machen	13
Primarschuel	Grundschule	55
Proscht	Prost	32
Puff	Chaos, Unordnung	149
Pyjama, Pischi	Schlafanzug	127
Rahm	Schlagsahne	159
Rayon	Geschäftsgebiet, Bezirk	108
Rechtsvortritt	Rechts-vor-links	52
Referee, kurz Ref	Schiedsrichter	74
Rekurs	Widerspruch, Reklamation	109
remis	unentschieden	74
rennen	laufen, sich beeilen	15
reüssieren	Erfolg haben	13
Riegelhaus, Rigelhuus	Fachwerkhaus	70

Riitiseili	Schaukel	60
Röhrli	Strohhalm	30
Rolladen	Jalousie	69
Rösti, Röschti	Kartoffelpuffer (nur ähnlich)	31,163
Rotlicht	Ampel	52
rü-äre, rühren	(Ball) werfen	134
säb	dieser, dieses, das da	145
Sack	(Einkaufs-)Tasche	33
Säckelmeister	Kämmerer	41
Samichlaus	Nikolaus	81
Sanitär	Klempner	14
Santé	Zum Wohl	32
Schale	Milchkaffee	30
scharren	flirten	159
Scheiche	Bein, Fuss	127
Schiisser	Durchfall	127
Schlitzli	Vagina	61
schmecken, schmöckä	riechen	31
Schmutzli	Knecht Ruprecht	81
Schnäbeli, Schnäbbi	Penis	61
Schooss	Kittel	126
Schoppen	Nuckelflasche	61
schtaggele	stottern	61
Schuelreis	Klassenfahrt	61
Schüüfeli	Kehrblech	70
Sek	Sekundarschul-Abschluss	61
Semmeli, Zd	Brötchen	30

Serviertochter	Kellnerin	14,31
Sind Sie bedient?	Sind Sie zufrieden?	15,31
snöben	Snowboard fahren	74
Spannteppich	Teppichboden, Auslegeware	69
Spital	Krankenhaus	126
sprechen	bewilligen	13
springen	rennen	15
Stadtpräsident	Bürgermeister	41
Stadtrat, Gemeinderat	Stadt-, Gemeinderegierung	41
Ständerat (auch Stöckli)	Bundesrat in Deutschland	41
Stange, Schtange	Bier ab Zapfhahn	14
Stapi	Kurzform von Stadtpräsident	41
Steueramt	Finanzamt	107,122
Steuerkommissär	Finanzbeamter	122
Stift, Stiftin	Azubi, Azubine	62
Stockwerkeigentum	Eigentumswohnung	70
Summervogel	Schmetterling	61
Super League	1. Bundesliga in der Schweiz	74
täubele	schmollen, bocken	60
Thek, Schuel-Thek	Ranzen, Schultasche	61
Thon	Thunfisch	32
tipptopp	sehr gut, in Ordnung	149
Tobel	Bergbach-Tal	93
Töff	Motorrad	53
Töffli	Mofa	53
Töggelichaschte	Tischfussball	60
tönen	klingen	16

touchieren	berühren, (zusammen-) stossen	12
Traktandum	Tagesordnungspunkt TOP	107
Tram	Strassenbahn	13,52
Treichle	Kuhglocke	171
Trottinett	Tretroller	60
Trottoir	Bürgersteig, Gehsteig	14
tschutte	Fussball spielen	74
Tumbler, Tömbler	Wäschetrockner	69
Untersuchungsrichter	Staatsanwalt	108
Usgang	das Ausgehen	16,32
Velo	das Fahrrad	13,53
Velokeller	Fahrradkeller	69
Vernissage	Eröffnungsfeier	81
verruckt	wütend	15
verunfallen	verunglücken	12
verunmöglichen	verhindern	13
Verwaltungsrat	Aufsichtsrat	107
Verzeigung/verzeigen	Anzeige/anzeigen	108
Vorhang	Gardine	69
Vortritt	Vorfahrt	52
Wähe	Kuchenstück mit Käse oder Früchten	31
Wiibeeri	Weintrauben	33
Zältli	Bonbon	32
Zibele, Bd	Zwiebel	33
Zmittag, Lönsch	Mittagessen	30
Zmorge	Frühstück	30

Znacht	Abendessen, -brot	31
Znüni	Frühstückspause, Jause	30
Zopf	Weissbrot	30
Zügelmaa	der Möbelpacker	70
zügeln	umziehen	70
Züglete, die	Umzug	70
Zürcher	Züricher	14
Zvieri	Vesper, Brotzeit	30
Zweitel	Halbes, Hälfte	61
Züglete, die	Umzug	76
Zürcher	Züricher	11
Zvieri	Vesper, Brotzeit	34
Zweitel	Halbes, Hälfte	67
Zvieri	Vesper, Brotzeit	34
Zweitel	Halbes, Hälfte	67

23. Sachwörter-Index